胖古人的古人好朋友

五柳先生

J.ho 著

CNS PUBLISHING & MEDIA
湖南文艺出版社 HUNAN LITERATURE AND ART PUBLISHING HOUSE
博集天卷 CS-BOOKY

监修序

Q 版古人生活，有爱无碍，跨越古文障碍

许建昆

你是否也曾在语文课本上为古人的图像画胡子，画眼镜，换新装呢？面对作业不断、考试不停、背诵不已的语文课，帮书本添加彩绘，想来是许多人一时兴起的“手眼协调”活动。不过，此书创作者 J.ho 可不只是这样！她保有对古典文学的热爱，也拥有绘画的技能。因此，从中文系毕业以后，她担任起视觉设计师，开始做文案和插画的工作，同时经营社交平台账号，拥有一群热爱她的粉丝。

超越语文课本不是梦

J.ho 的梦想是什么？拥有粉丝，有人点赞，又能让笔下的古代人物行遍天下而无阻拦，已经使她感到快慰。她塑造了许多活泼讨喜的人物，在应用了古文阅读新策略的书籍中扮演“绿叶”的角色，但也可能是扮演“鲜花”的角色。大量的辩证文章义理，深奥费解，只对校园里的学霸有振聋发聩的作用。另类的《观止》之作，则对古人怪诞、失序、颓废的行为有许多开脱的解释，可以让崇仰老庄派的学生心向往之。至于大多数害羞、内敛的学生，喜欢交朋友、亲近古人，却又“爱在心里口难开”，J.ho 所创造的胖古人，正好可作为他们的引路人。

J.ho 没有“课堂教学”的压力，不用正经八百地“破解”古文，通过胖古人，用图说方式，加上现今流行的网络语言来佐读古人的“历史记

录”，让古人的事迹在现代语境中复活，可谓创举。

用典雅的话来说，“擎一盏明灯，走进历史长廊，去烛照古人的生命情态”；从另外一个角度来看，又是“邀请古人当一日网红，沾沾当代社会的豪气，尝尝当今的美食”。

这种“不薄今人爱古人”的态度，想必连杜甫都要赞叹有加。

主角搭配角精彩演出

为了不负 J.ho 的苦心造诣，我担任起此书的监修角色，重新检视全书的架构与内容。最后以六章篇幅，承载二十四个主角，还附带数十个“跑龙套”的配角。

首先是“什么点赞数破万？我留下的才是永恒！”，做了通篇“宣言”，罗列陶渊明、李白、杜甫和李贺四人，有田园派、浪漫派、社会写实派、奇险派。这还不够气派呢！在此章附录中，又展示了浪漫派、社会派、田园派、边塞派、奇险派和绮情派六派诗风，同时以六帧景物画，做到了“老妪能解”。我想，这是 J.ho 对唐诗课程的回眸，也是对教导她读古典诗词的老师的礼敬。

第二章，介绍作品比作者本人更有名气的作家。说刘义庆是论坛八卦版始祖，关汉卿写剧本，吴承恩的《西游记》应索授权费，蒲松龄专说鬼故事。你不得不相信，原来文学创作的道路，还真宽敞！章尾附上《三国演义》《水浒传》《金瓶梅》和《红楼梦》四部名著，搭配 Q 版的主人公肖像，可爱极了。

第三章，列举孔子、韩愈、欧阳修和苏轼四位文化界的思想前驱，通过胖古人来表彰他们具有“受伤害仍努力向前”的精神。我原先担心，大学课程中教授先秦诸子二十二家，J.ho 该如何一一介绍？令人惊讶的是，她转身轻松处理“穿着现代西装、休闲服的唐宋八大家”，又把现代学生的特质“填”入儒、道、墨、法、名、阴阳家之中，使“诸子百家”的代表人物，不费吹灰之力地完成“报到手续”。聪明绝顶的 J.ho，还有许多素材想要留在第二辑来发挥，真是个精算师！

接着是“可以参加小学生知识竞答”的天才神童出场。有数学神童韩信、“半途而废”的方仲永、机智破缸救人的司马光、天启美术家王冕，代表各个学科都有专才，符合多元学习的精神。历史上还有哪些有名的神童呢？太多了，只好用物理神童曹冲、音乐神童蔡文姬来做代表。

如果有人腹笥甚广，而其貌不扬，主管会不会痛失人才？晏婴个子小，却可以机智对付无理的楚王；冯谖看似耍无赖，实际却超前部署，让孟尝君得以高枕无忧；曹操除了身高比较矮之外，霸气十足；左思说话结巴，相貌极丑，可是凭著作扬名，又极爱女儿。J.ho 奉劝大家要成为伯乐，爱护千里马，投资潜力股！史上的“投资”专家有谁呢？刘邦、刘备、红拂女，天哪，谁是第四名呢？

最末章，文才、武略、见识，都是好女子！经过一番讨论，作者最终选了谢道韫、武则天、李清照和柳如是。附录介绍沉鱼、落雁、闭月、羞花的四大美女，分别是西施、王昭君、貂蝉和杨贵妃。原来，“美”可以有多面性，心美、才美、貌美，都是美！

语文好榜样

检阅了 J.ho 的涂写内容，不得不赞佩她的内在企图。一本四万多字的书，搭配大量图画，要涵盖古往今来，又要显示中华文化的基底，是有些难度。

然而，本书隐约可以看见几条线索。第一是对“人”的关注，J.ho 在“图说”之间，表现出对古人、今人的一视同仁，以同理心相对待。我们常被教导要善恶分明、疾恶如仇，选择“靠边站”。然而，善、恶并不是一眼可以立判。J.ho 接纳了“人上一百，各色各样”的前提，知道人的性格差异有如万花筒般缤纷混乱，并不需要过度的情绪反应。学习如何与人相处，提升 EQ（情商），胖古人与古人的相处之道还真是个好榜样！

第二是对文类的关注，对诗、笔记、传奇、章回小说、戏曲、哲理散文、历史传记等均有涉猎，注意到了读者阅读时的“营养均衡”。

第三是具有循循善诱、传承文化的使命感。以轻浅有味的笔触，图文相互生发，让读者先“爱”上古人。因为，“有爱无碍，可以跨越障碍”。有了认同感，学习动机强了，一定可以“事半功倍”，直接碰触古人的心坎，观摩他们的人生智慧。至于刨根式的“文义训诂”，反而是次要的。

古人、今人，不分轩轾。李白说：“今人不见古时月，今月曾经照古人。”仰头望月，我们与古人看到的是同一轮月亮。突然想到李白《赠汪伦》中的诗句：“桃花潭水深千尺，不及汪伦送我情。”或许 J.ho 想要传递的，正是人与人之间的感情呢！

原稿

作者序

创作出大家都喜爱的语文课本

J.ho

创作这本书的最初想法其实很简单：
"我希望大家读这本书，就像看我的语文课本一样。"

高中时期是我在语文课本上作画的全盛时期。因为课业压力大，改造课本上的古人变成我特殊的纾压方式（好孩子不要学）。最初是把课本上的古人图片画得面目全非，后来进阶到根据课文内容延伸，在课本空白处脑补各种古人的生活小剧场。

当时偷偷地给朋友们看我的语文课本，大家的反应从一开始的"你太夸张了，上课时都在干什么呀！"变成后来的"哎，你什么时候画下一课？"。甚至有朋友说看我的画比看精华讲义还要对古人有印象，这让我非常有成就感，就这样努力不懈地画了三年（老师对不起），默默地想着：如果能出一本自己的语文课本就好了，里面没有任何让人想睡觉的文字，只有各种圆胖可爱的古人。

到了现在，虽然成为科技业的 UI/UX 设计师（跟语文毫不相关），但学生时期的这个想法依然存放在我头脑中的一小角，真的感谢出版社的编辑们，让我得以用另一种方式实现小小的梦想，也谢谢建昆教授，愿意在忙碌中成为本书的第一个读者，以专业的角度审阅本书，并提供更多古人的素材，大大提升本书的含金量。最后顺便感谢一下自己的肝好了，毕竟在工作之余，假日几乎都奉献给这本书了。

总之，古人跟你我并没什么不同，如果他们来到现代，或许就是你我身边熟悉的亲友之一：考试不及格但文章写得很好的同学、一副“我就是烂”的态度但其实很聪明的朋友、因为讨厌上班就发怒离职的同事、亲戚家聪明到令人讨厌的小孩……

所以，建议正在看这本书的朋友们，把这本书里的内容当成朋友的八卦故事来轻松地看吧！

这样画好像
有点不好笑……
iPad
pro

目 录

IP

3 OK 的啦！我哪种大风大浪没见过？

受伤害仍努力向前的精神领袖

4 我没有很厉害，只是头脑发育得比较快！

可以参加小学生知识竞答的朋友

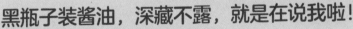

5 黑瓶子装酱油，深藏不露，就是在说我啦！

暧暧内含光的神人朋友

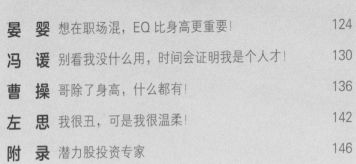

6 说什么女子无才便是德，只是怕我比他好看，还比他聪明！

才华洋溢的女神级朋友

主要角色

J.ho

作者，也是胖古人穿越到现代来结交的最好的朋友。

胖古人

有穿越技能的唐朝的古人，身形圆胖，在各个朝代都有他的好朋友。

美人

胖古人的老婆。

东坡

每天都怕被吃掉的宠物猪。

唉，好羡慕这些网红，随便发个动态都能破万赞。
我也认识很多这种朋友哟！
真假？
对呀！他们常有临时起意的动态和帖子，甚至流传到现在，而且老师还要学生背。
（真是~~祸害子孙~~伟大呢！）
真的假的？没有骗我吧？
怀疑什么啦？！
哼！我来介绍几个，你就知道了！

1

什么点赞数破万？我留下的才是永恒！

出口成诗的网红始祖

Forevergram
tao_5rice
陶渊明
不为五斗米折腰
green_lotus
李白
号“青莲居士”
jimmy_du
杜甫
字“子美”
liho_ghost
李贺
人称“诗鬼”

陶渊明

“当官十三年，还是大自然最好！”

干杯！

个人小档案

姓名 陶渊明，一名潜，字元亮，谥号靖节。

朝代 东晋。

称号 五柳先生、田园派诗人、隐逸诗人之宗。

一分钟自我介绍

喜爱大自然的

田园派网红

爱酒 & 写诗

不爱上班

讨厌小人

自然 & 菊花控

关于这个人

陶渊明这个人很简单。

不是头脑简单的
那种简单！

自号五柳先生，只因为房子旁边有五棵柳树。

《五柳先生传》：『先生不知何许人也，亦不详其姓字，宅边有五柳树，因以为号焉。』

如果房子旁边是超市，
就叫超市先生吗？
不要闹啦！
五柳先生

读书不钻牛角尖，读懂一些，开心就好。

没关系，
先跳过好了。
哇啊啊啊啊啊！

看不懂时　　看懂时

《五柳先生传》：『好读书，不求甚解；每有会意，便欣然忘食。』

爱喝酒，喝醉了就走人，不 cares（在乎）人情压力。

我醉了，
拜。
好潇洒！
我喜欢！

《五柳先生传》：『性嗜酒……既醉而退，曾不吝情去留。』

写作是为了开心，不为赚钱，就算穷一点也没关系。

《五柳先生传》：『短褐穿结，箪瓢屡空，晏如也。常著文章自娱，颇示己志。』

米缸里没米，
那就来点精神食粮吧！

总之，就是个真性情的男人。

男人就该
简单、有魄力！
真
性
情

苏东坡曾评价陶渊明：『古今贤之，贵其真也。』

开始创作田园诗的原因

陶渊明并非从小就排斥当官，当他看清官场黑暗面后……

陶渊明，二十岁
好好读书，
找个好工作！
陶渊明，三十岁
不想上班……
（超级厌世）

开始觉得大自然最好，但为了生活还是不能不工作。

还是大自然好，
没有心机小人。
那个人好奇怪。
陶渊明，四十一岁
彭泽县令
大人，督邮要来
视察了。

直到四十一岁，遇到一名爱卖弄权势的地方督邮。

我……只有这
么多了。
这么少？不怕我说你
家主子坏话吗？
呵
呵

要对这种人点头哈腰，完全踩到陶渊明的底线！

《晋书・陶潜传》：『郡遣督邮至县，吏白应束带见之，潜叹曰：「吾不能为五斗米折腰，拳拳事乡里小人邪！」』

怕督邮说大人的不是，您要不要穿得体一些？
不爽
彭泽县令

四十一岁的陶渊明，
不愿为区区这些薪水低声下气，愤而辞官！

不做了啦！
我跑了！

辞官后，归隐田园，过着令人羡慕的退休养老（？）生活。

这段时间是他创作量最大的时候。

饮酒（其五）
结庐在人境，
而无车马喧。
问君何能尔？
心远地自偏。
采菊东篱下，
悠然见南山。
山气日夕佳，
飞鸟相与还。
此中有真意，
欲辨已忘言。
这么美的景色，我好像领悟了什么……但想不起来。
想吃拳头吗？

明明是种豆，为什么草比豆子多？
啊，我知道了！我比较会种草！
豆苗10%
杂草 90%
归园田居（其三）
种豆南山下，
草盛豆苗稀。
晨兴理荒秽，
带月荷锄归。
道狭草木长，
夕露沾我衣。
衣沾不足惜，
但使愿无违。

其诗句简单平易，但充分展现出田园之美和真性情，陶渊明因此被视为“田园诗之祖”。

苏轼曾在《与苏辙书》中评论陶渊明之诗：『质而实绮，癯而实腴。』

我要感谢爸爸妈妈，还有大自然……
田园诗之祖

爱喝酒的陶渊明

爱酒成痴的陶渊明，几乎每首诗里都有酒。

跟一般人比。
70%水
70%酒
酒

萧统在《陶渊明集序》中说：『有疑陶渊明诗篇篇有酒。吾观其意不在酒，亦寄酒为迹焉。』

当官分配到的公田，想用于酿酒，被妻子阻止。

我要把全部的田拿去种秫*！

* 秫为古代酿酒的原料。

没有米，我和你儿子都会饿死的啦！
陶妻

最后，还是用了四分之三的田种秫。

《晋书·陶潜传》：『在县公田悉令种秫谷，曰：「令吾常醉于酒足矣。」妻子固请种粳，乃使一顷五十亩种秫，五十亩种粳。』

放心啦，酒是“液体面包”，可以取代主食的。
那是指它的热量很高啦！

连失业救济金也想全拿去买酒。

老公，这个月的
生活费呢？
在我肚子里。
嗝
留下一点钱给
陶兄当生活费吧！
两万钱

《宋书·隐逸传》：『颜延之为刘柳后军功曹，在寻阳，与潜情款。后为始安郡，经过，日日造潜，每往必酣饮致醉。临去，留二万钱与潜，潜悉送酒家，稍就取酒。』

心情好要喝酒，心情差更要喝酒！

陶渊明曾写《责子》之诗，数落他五个孩子懒惰蠢笨，最后叹曰：『天运苟如此，且进杯中物。』

为什么我的孩子都那么笨……
唉，罢了罢了，还是喝酒吧！
阿舒
阿宣
阿雍
阿端
阿通

警告：
勿饮酒过量
有害身体健康
谁说的？

李白

“我就是那个传说中的男人！”

太红也是一种罪。
天上谪仙人
捞月而死
太白金星下凡

个人小档案

姓名	李白，字太白。
朝代	唐朝。
称号	青莲居士、谪仙人、诗仙、酒仙。

一分钟自我介绍

才华洋溢的

浪漫派网红

爱喝酒 & 赏月 & 写诗

疑似天上仙人

杜
孟

有两位死党

干
杯

及时行乐

关于这个人

出生时的传说很浮夸……

怀胎之前，梦到了太白金星，才取名“白”。
李白母
太白金星转世！
果然不是地球人！
诗写得那么好，果然有故事！

幼年时家境富裕，诗书、骑马样样精通；四十二岁时遇到贺知章，在他的推荐下，跟在唐玄宗身边工作。

驾！
跟报名全科才艺班的小孩一样，真不愧是有钱人。
要不要这么浮夸……
这根本不是人类写得出来的！
李白之作
贺知章在当时称赞李白是『天上谪仙人』。

好景不长，据说有一天皇帝与宠爱的杨贵妃到沉香亭赏花。

哇！木芍药都盛开了，好美呀！
这么好的景色，不来一首诗太可惜了，传李白！
来了……嗝！
（宿醉中）

有点醉的李白，露出了狂傲的本性……

你！
帮我捧砚。
高力士
你！
帮我脱鞋。
你，
死定了！

觉得被羞辱的高力士，借机拿《清平调词》中的句子指控李白。

你看这句，他故意拿赵飞燕跟你比，分明是在污辱你。
清平调词（其二）
一枝红艳露凝香，
云雨巫山枉断肠。
借问汉宫谁得似？
可怜飞燕倚新妆。
可恶！

《松窗杂录》记载：『力士曰：「以飞燕指妃子，是贱之甚矣。」太真颇深然之。』

在宫中受到排挤，李白黯然离开长安，
之后还因李璘案被牵连，晚年被流放夜郎……

长安城
享年六十二岁。

李白曾被邀请去当永王李璘的幕僚。李璘后来触怒唐肃宗被杀，李白被牵连入狱。幸好郭子仪帮忙说话，李白才逃过死劫。

李白的浪漫诗风

李白是个写诗天才，绝句、律诗、古体诗、乐府诗都很拿手，他尤其喜欢古体诗。

古体诗

宣州谢朓楼饯别校书叔云

弃我去者昨日之日不可留，
乱我心者今日之日多烦忧。
长风万里送秋雁，对此可以酣高楼。
蓬莱文章建安骨，中间小谢又清发。
俱怀逸兴壮思飞，欲上青天揽明月。
抽刀断水水更流，举杯消愁愁更愁。
人生在世不称意，明朝散发弄扁舟。

断！断！断！
怎么不断！
太嫩了。
摩西

古体诗

月下独酌（其一）

花间一壶酒，独酌无相亲。
举杯邀明月，对影成三人。
月既不解饮，影徒随我身。
暂伴月将影，行乐须及春。
我歌月徘徊，我舞影零乱。
醒时同交欢，醉后各分散。
永结无情游，相期邈云汉。

Is it good to drink?（好喝吗？）
月亮啊，喝一杯吧！

近体诗

静夜思

床前明月光，
疑是地上霜。
举头望明月，
低头思故乡。

原来最后一句不是"低头吃便当"！

现代版的"低头思故乡"

李氏Family
爸妈，想你们了
……吃错药？
儿子，又喝醉了？
可以不要这样吗

（滑手机看家人群组）

乐府诗

将进酒（节录）
君不见黄河之水天上来，
奔流到海不复回。
君不见高堂明镜悲白发，
朝如青丝暮成雪。
人生得意须尽欢，
莫使金樽空对月。
天生我材必有用，
千金散尽还复来。
烹羊宰牛且为乐，
会须一饮三百杯。

现代版的“人生得意须尽欢”

你不是说，再买就要剁手？
人生嘛，开心就好！
下单
下单
下单

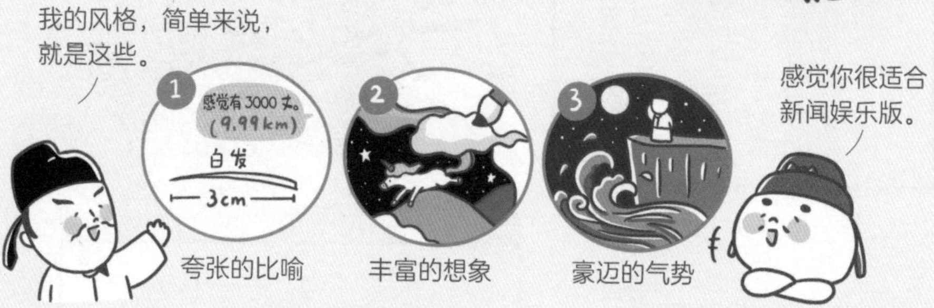
我的风格，简单来说，就是这些。
1
感觉有3000丈。(9.99km)
白发
3cm
夸张的比喻
2
丰富的想象
3
豪迈的气势
感觉你很适合新闻娱乐版。

不独享的写诗小技巧

在文字中加入一些很神秘的，或雄伟或玄妙的东西，会让诗读起来更浪漫！
神话
月亮
酒
山河

“中秋节就该学月兔捣麻糬，配点小酒，吃个月饼，在山上或河边烤肉。”这样的诗句，李白，你觉得 OK 吗？
是有多饿……

♡ 李白、杜甫、孟浩然的三角~~恋~~友情啦！

每天都好想白兄。
我爱孟夫子。
我喜欢大自然。
杜甫
李白
孟浩然

李白二十五岁离开家乡，路上认识了比他大十二岁的孟浩然。四十四岁时离开长安后，才认识了三十三岁的杜甫。而他和这两位朋友的关系，大概可以用下方图表说明：

杜甫对李白爱的展现

1. 曾在诗中炫耀两人是盖同一条被子，还牵手的交情。
（醉眠秋共被，携手日同行。）

杜甫→李白
李白→杜甫

2. 狂给李白写诗，写过类似“我会等你回来”的句子，虽然几乎都被已读不回，仍痴情地写了十几首。结果李白只给杜甫写了三首诗。

李白对孟浩然爱的展现

我就是喜欢你！

1. 写下“吾爱孟夫子，风流天下闻”这样直接的告白诗句。
（出自《赠孟浩然》。）

Bye
Bye
Bye
（拜拜）

2. 知道孟浩然要去扬州，特别到江边送别，还写了洋溢着丰沛情感的诗——《黄鹤楼送孟浩然之广陵》。

网友留言

李白

16 小时前

突然想问，大家觉得我是怎么样的一个人呢？

是好友就出个声 # 纯好奇

5 则留言

赞　回应　分享

贺知章①

李白兄不论是颜值还是才华，都像下凡的仙人呢！要继续加油！

杜甫②

我家欧巴最厉害了。诗是连鬼神看到都会哭的那种。根本就无敌，最爱你了，啾咪♡

元稹③

@ 杜甫 我觉得你的诗比李白的更好！

王安石④

同意楼上。楼主的诗十句中有九句都在讲女人和酒，不知道他凭什么这么火。

韩愈⑤

别吵了，两人一样好啦！

①贺知章将李白赞为「天上谪仙人」（从天界贬到凡间的仙人）。

②杜甫《春日忆李白》：「白也诗无敌，飘然思不群。」《寄李十二白二十韵》：「笔落惊风雨，诗成泣鬼神。」

③元稹《唐故工部员外郎杜君墓系铭并序》：「则诗人以来，未有如子美者。时山东人李白，亦以奇文取称，时人谓之李杜……」

④王安石：「太白……识污下，诗词十句，九句言妇人、酒耳。」

⑤韩愈《调张籍》：「李杜文章在，光焰万丈长。不知群儿愚，那用故谤伤？蚍蜉撼大树，可笑不自量。」

八卦版

李白是外国人?

李白的血统很神秘，据说祖先可能是建成或元吉的后代，迁居到中亚(碎叶)与胡人通婚，到他爸爸这辈才搬到四川，所以李白可能有胡人的血统。

铁杵磨成绣花针

据宋代祝穆《方舆胜览》记载，李白曾经想逃学，在溪边见到一名努力想把铁杵磨成绣花针的老妇。李白被她的天真，啊，不是，是毅力感动，于是回去努力读书。

Yo man!
(嘿!)
What's up?
(最近怎么样?)
How are you?
(你好吗?)

我要把这个磨成针。
这根接力棒?
你确定?

李白的死因之谜

病死
来自李阳冰

太常喝酒
就会得
皮日休
患"腐胁疾"
来自皮日休

饮酒过度
来自《旧唐书》

捞月溺死
来自民间传说

失血(诗写)过多
来自早餐店饮料杯

好笑吗?
噗!

杜甫

“工作不好找，
如果有记者的职缺就好了。”

好饿哦
咕噜噜
给李白

个人小档案

姓名 杜甫，字子美。

朝代 唐朝。

称号 少陵野老、杜陵野客、杜陵布衣、杜拾遗、杜工部、杜少陵、杜草堂。

一分钟自我介绍

杀!

反映民间疾苦的
社会写实派

一生穷困

不大会看脸色

爱慕（？）李白

社会版
头条新闻
惊爆!

适合当新闻记者

关于这个人

简单来说，杜甫就是个运气很差的人。
虽然遗传祖父的基因，七岁就能作诗……

为虾米
为虾米
（为什么 为什么）
比别郎卡歹命
（比别人卡歹命）
我比别人卡认真
我比别人卡打拼*

杜审言
杜甫，七岁
不愧是我金孙

*以上歌词出自歌曲《命运的吉他》。“卡”指更，还；“歹命”指命不济。

长大后，考试都没上榜，到处向有钱人（甚至皇帝）投稿也没有结果，
还在长安待业了好几年，只得到一个低阶官职。

每个人都说我诗写得好，
却又不给我工作，是怎么回事？

如果在现代
四十四岁
不是说都市工作比较多？
为什么我到现在还在领最低工资？

因为长年贫苦，最后连儿子都养不活。

怎么有人
在哭？
呜呜呜……
儿……儿子!!
呜呜呜呜呜，
宝贝……

尽管如此，老天好像还嫌他不够惨。安史之乱后，杜甫好不容易成功脱逃，投奔新皇帝，但不大会看脸色的他，没多久就触怒唐肃宗而被贬官。

陛下，我找您找得好苦哇！
辛苦了，以后你就担任左拾遗吧！
唐肃宗
房琯犯的只是小错，不要开除他嘛！
你也走！
没看到我在气头上吗？还帮他讲话？

又因为战乱，杜甫弃官携家逃难，过起游民生活。还好有朋友严武的帮助，才安顿下来。

爸爸，我饿……
EQ极差的朋友
严武
忍一下，爸爸去找朋友帮忙。

杜甫一度酒后失言激怒严武，差点被杀掉，还好两人是好友，气消了就没事了。严武病逝后，杜甫又开始四处漂泊，最后于船上病逝。

《新唐书》记载，有一次杜甫因醉酒对严武不敬，说了一句『严挺之（严武父亲）乃有此儿』而令严武怀恨在心。

凄凉……

战地记者般的诗风

杜甫一生几乎都在战乱贫穷中度过，加上富有同理心，他写了很多批评时政、讽刺 M 型社会的诗。

自京赴奉先县咏怀五百字（节录）

朱门酒肉臭，
路有冻死骨。
荣枯咫尺异，
惆怅难再述。

有没有人要买火柴？我儿子要饿死啦！
再没人买，我就要改卖肾了。

杜甫也扮演类似战地记者的角色，让大家知道战争对人民来说多么痛苦。

呜 呜 呜
快点！
LIVE
目前记者位于征兵现场，亲人间离别的场面，令人为之鼻酸。

兵车行（节录）

车辚辚，马萧萧，
行人弓箭各在腰。
耶娘妻子走相送，
尘埃不见咸阳桥。
牵衣顿足拦道哭，
哭声直上干云霄。

石壕吏（节录）

暮投石壕村，有吏夜捉人。
老翁逾墙走，老妇出门看。
吏呼一何怒！妇啼一何苦！
……
天明登前途，独与老翁别。

阿妈，您怎么在哭？
LIVE
我家三个儿子去打仗，死了两个，家中男性就剩我那老头子和我孙子了，结果他们还来要人……

太可恶了！您打算怎么办？
LIVE
还能怎么办？只能叫老头子逃走哇，我去前线煮饭。呜呜……

杜甫 vs 李白

人物	杜甫	李白
尊称	 诗圣	 诗仙
诗风	 接地气，真实到让人厌世	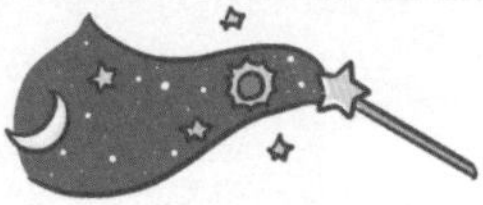 带有仙气，充满浪漫的想象
擅长	七言律诗	古体诗和乐府歌行体
如果拍成电影	 历史或战争纪录片	 加了一堆华丽特效的磅礴英雄片

如果两人来到现代

服饰店

天哪！这个价格，都可以给人家吃一周便当了。
杜甫
先生，您刚试穿的这些都要买吗？
买啦！哪次不买？人生就是要及时行乐。
李白

咖啡厅

小说
小说
NEWS
报纸
凑低消(最低消费)用的冰美式

餐　厅

这两瓶是我们最推荐的酒款。
我要一杯白开水，然后这些帮我打包。
都来一瓶吧！
(很怕家人饿死)

杜甫与李白的“恋爱”故事

唐玄宗天宝三载（744 年）春天，四十四岁的李白离开长安，在洛阳遇见了三十三岁仍默默无闻的杜甫，两人一见如故。

呵呵呵
哈哈哈

两人的画面纯粹为作者脑补，不要太当真。

有一天，他们去找隐居附近的范隐士，回来后杜甫作了一首诗，并提到和李白的亲密交情。

这次旅行好开心，和最爱的李白兄盖了同一条被子，还牵了手。

《与李十二白同寻范十隐居》：『醉眠秋共被，携手日同行。』

虽然李白也为这趟旅程写了诗，但完全没提到杜甫。事实上，李白写给杜甫的诗只有三首，杜甫却给李白写了十几首诗。

哈？怎么没有我？

重点不是去寻隐士吗？

又只是已读？真是太有个性了♡

早安哪
已读
好想你哦
已读
嗯。
什么时候约?
已读

（如果拿到现代来看……）

李白写给杜甫的诗，有《鲁郡东石门送杜二甫》《沙丘城下寄杜甫》《戏赠杜甫》。

杜甫的死因之谜

罹患糖尿病

有学者据杜诗中提到“长卿病”*“肺枯渴太甚”，推测杜甫可能是因糖尿病而死。

[* 长卿病是指司马相如（字长卿）患有的消渴症，即糖尿病，口干舌燥是其症状之一。]

饿太久又突然吃太饱

有一说是，杜甫有一次为洪水所困，好多天没吃饭，后来收到县令送来的许多牛肉、白酒，饿太久的杜甫就一次吃光光，结果撑死了。

不大舒服

吃到不干净的食物

郭沫若认为杜甫是吃了“天热肉腐”的东西，因食物中毒而死亡的。

不愧是李白的好友，连死亡原因都一样神秘！

李贺

“写诗的秘诀就是一分的天才加九十九分的努力。”

GoGo!
加油!

个人小档案

姓名	李贺，字长吉。
朝代	唐朝。
称号	诗鬼、鬼才。

一分钟自我介绍

带有灵异色彩的

奇险派 / 怪诞派

体弱多病

一生不幸

“爆肝”努力型

跟韩愈很要好

关于这个人

李贺的祖先是唐朝开国皇帝的亲戚，
但到他这辈，家道已经没落。

李商隐《李贺小传》：『长吉细瘦，通眉，长指爪，能苦吟疾书。』

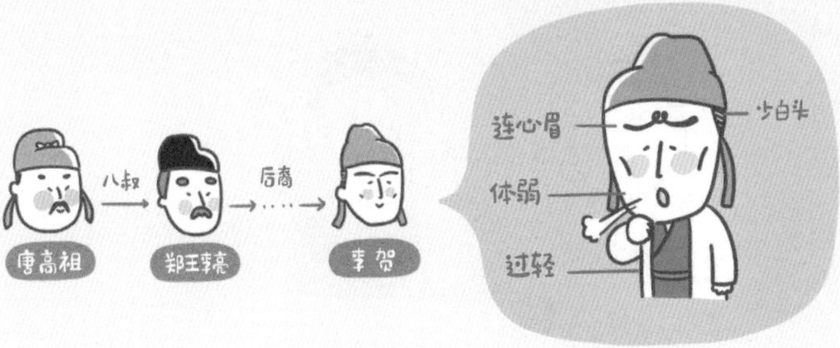
八叔
后裔
唐高祖
郑王李亮
李贺
连心眉
少白头
体弱
过轻

不过李贺既聪明又努力，对写诗有着匠人精神，
所以从小在诗界小有名气。

我儿子对诗的执着，好像要“爆肝”才遂愿。不对，是呕出心肝才会停止……
呕
妈，太夸张了啦！
李贺是怎么努力的，详情见八卦版。
好担心他……

十九岁那年，他满怀理想到洛阳考试求职。刚好这年韩愈
在洛阳当官，李贺马上带了作品登门拜访，获得赏识。

儿啊，去洛阳打拼很辛苦，要记得多吃饭。
妈妈的
爱心便当
365天份
最欣赏有才又肯努力的年轻人了！
韩愈
我身体那么差，背上这堆东西会直接送医吧？

之后的几场考试也很顺利，李贺眼看就快当上进士，
没想到却被忌妒他的小人，用犯名讳的烂理由阻挡。

李贺如果当上进士，称呼起来会跟他爸的名字太像，这样犯名讳可是大不敬啊！
对呀，不能让李贺当进士！
小人A
小人B
李贺父
李晋肃

韩愈听闻后，挺身而出，帮李贺回击那些人。

韩愈《讳辩》：『父名「晋肃」，子不得举进士，若父名「仁」，子不得为人乎？』

谁叫有名讳呢
抱歉，儿子，你只能当狗了。
?
李仁

爸爸叫“晋肃”，儿子就不能当进士，那爸爸名字里有“仁”，孩子就不能当人了吗？超级不合理！
杰出的一手

但抗议无效，李贺最后还是落第，难过地回家了。
不过，他没有放弃，决定再去长安寻找出路。

好歹命

做不成进士，至少还有其他的小官可以做吧！

李贺终于当上了奉礼郎，但因为官位低，在职场上
完全被当成空气人，所以没做几年，他就辞职回家了。

可以理我一下吗？

李贺不想当宅男，在家待了半年就外出找工作，但仍没找到，变成了
纯旅游。身体不好的他，禁不起长途跋涉，最后在二十七岁病逝。

主人，你什么时候才能找到工作？我脚好酸。

旅行好累，人生好难……

根据李贺姐姐的描述，李贺死前，有位红衣男子
召唤他到天上做官，他终于圆了梦想。

天上很快乐，而且天帝打算任命你当书记呢！
呜呜，不管是真是假，至少圆了李贺的梦想，我宁愿相信啦！

奇幻又诡异的诗风

李贺的诗很特别，跟李白的诗一样充满想象力，词句华丽，又带一点诡异感。他喜欢押险韵，还很爱用“死”“老”之字，或是一些生僻字，而且他一半以上的诗都是灵异题材，所以李贺又被称为“诗鬼”。

秋来

桐风惊心壮士苦，
衰灯络纬啼寒素。
谁看青简一编书，
不遣花虫粉空蠹。
思牵今夜肠应直，
雨冷香魂吊书客。
秋坟鬼唱鲍家诗，
恨血千年土中碧。

苏小小墓

苏小小墓

幽兰露，如啼眼。
无物结同心，
烟花不堪剪。
草如茵，松如盖。
风为裳，水为佩。
油壁车，夕相待。
冷翠烛，劳光彩。
西陵下，风吹雨。

感觉你可以跟
蒲松龄当朋友！
真的吗？
嗨！
我们下章见。
蒲松龄

八卦版

搜索枯肠的李贺

李贺常在天刚亮时，骑着一头小毛驴，背个破锦囊出门。

该起床了！
5:00 AM
我出门喽！

一路仔细观察景物，一有灵感就记在纸上，投入破锦囊中。

嗯……
嗯……
嗯……
想到啦！

晚上回家，再把白天所记整理成文，把全部心思都奉献给诗。

然后，每天都这样努力着……

每天都“爆肝”，明天煮锅汤帮他补补。
李贺妈
这超乎常人的努力和毅力……

各派诗风一览

怎么没有苹果派?

= 该派代表

田园派始祖
李白
贺知章
杜甫
白居易
刘禹锡
陶渊明
孟浩然
王维

浪漫派 / 豪放飘逸

想象力丰富，个人的风格（情感）强烈，寻求心灵的自由，有时会用很浮夸的形容词。

社会派 / 沉郁顿挫

关心生活时事的地方文青，忧国忧民，看他们的诗歌就像看报纸的社会版。

田园派 / 清新淡雅

森林系网红，诗境恬静淡雅，喜欢写大自然的好山好水。

这瀑布也太美了！根本就是天上的银河倾泻而下。

车站
一堆游民……好可怜，希望他们都有房子住。
× × 车站

跟朋友约好下次再来赏菊花。
山上空气好
定居好所在

如果诗人朋友也会发动态……

王之涣　王昌龄　韩愈　贾岛　李贺　杜牧　李商隐

边塞派 / 雄奇瑰丽

对兵哥哥有独特情怀，记录军中生活、战争时期和边塞风光。

奇险派 / 争奇斗险

标新立异，喜欢用特殊的生僻字来写作，展现自己厉害的一面。

绮情派 / 华丽唯美

常常使用很美但很难懂的辞藻，诗歌大多在谈论感情。

玉门关
玉門關
不知道有多少战士，
出关后就没再回来。
R.I.P. # 风好大

× × 动物园
鸦鸱雕鹰雉鹄鹍。
水龙鼍龟鱼与鼋

曾经的缱绻，
而今成追忆。
哥喝的不是酒
是惆怅

哇！没想到你有那么多
大咖级的网红朋友。
嘿嘿，厉害吧！我还认识很多超
人气作家！
他们的有些作品还红到国外呢！
骄傲
奇怪。不是说同类相吸，
你怎么会差那么多？
难道是互补？
（沉思）
请好好说话。

2

为什么我的作品比我还红？

不输 J.K. 罗琳的超人气作家

世说新语
窦娥冤
西游记
聊斋志异

刘义庆　　关汉卿　　吴承恩　　蒲松龄

刘义庆

“叫我论坛八卦版始祖！”

哇！闻到八卦的味道！

个人小档案

姓名 刘义庆，字季伯。

朝代 南朝宋。

一分钟自我介绍

成名作

来听八卦!
世说新语

《世说新语》

Hi
?

没什么记忆点的人

官二代

喜欢文学

认真搜集八卦

刘义庆和他的《世说新语》

大家都听说过《世说新语》，但很少有人对刘义庆有印象。可能是他一生顺遂，年纪轻轻就袭封临川王，当了高官，没给人留下什么记忆点。

我个性比较谨慎，不像某些文人，不会看脸色，招惹小人。
这么早就当官，想必你很早就开始努力了吧？
对呀，我在天上时就开始努力寻找该生于哪户人家了。

虽然官位很高，但他不喜欢接触政治，骨子里就是个文人。

搞政治好危险，安安静静地写文章，不是很好吗？
我是无辜的！

所以他召集很多人一起编撰《世说新语》《幽明录》《宣验记》，三本书的类型都不同。

想看什么，自己挑。
主菜单 分类看板 最爱
《世说新语》八卦、士人
《幽明录》鬼神、灵异
《宣验记》佛教、信仰

《世说新语》=现代论坛八卦版?

从现代的角度来看，有点像在论坛上开一个八卦版，刘义庆是版主，也和门下文士一同担任发文网民。跟八卦版稍有不同的是，《世说新语》又依八卦内容分为德行、言语、政事、文学、方正、雅量和识鉴等类别。

最喜欢听八卦了
Gossiping（八卦）
【八卦】关于文人名士的奇葩事迹
公告
八卦版版规（置顶）
★刘义庆（版主）
爆卦
《忿狷篇》
昨天在餐厅看到王蓝田……
★我就是一网民
问卦
《文学篇》
听说曹植七步就能完成一首诗
★网民 1 号
问卦
《任诞篇》
关于名士刘伶喝酒的八卦
★资深网民
问卦
《雅量篇》
有没有躺着就能交到女友的八卦?
★废柴网民
等等就挑几篇说给大家听!

作者	我就是一网民
标题	昨天在餐厅看到王蓝田……

如题，昨天偶然看到王蓝田用餐，发现他的性子真的很急。想用筷子吃鸡蛋，结果一直刺不到，还掉到地上，此时他居然把鸡蛋当仇人一样踩，结果踩不到更生气了……然后他直接捡起来咬（没洗），咬碎就把蛋吐出来，一副终于赢了蛋的表情。说实在的，我没看过吃一颗蛋可以吃得这么累的……

↑（偷拍）正在踩蛋的王蓝田

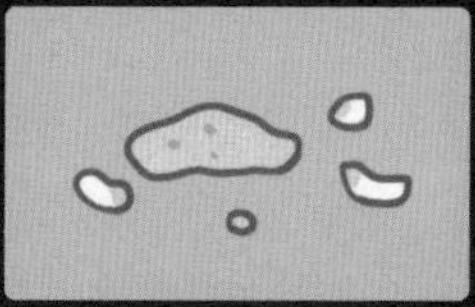

↑地上的碎蛋

笑死，幸好他爸没有这种性格。

智商堪忧……好丢脸。

发错版了吧？感觉是笨版的文。

鸡蛋："我当时害怕极了。"（抖）

《世说新语》原文：王蓝田性急。尝食鸡子，以箸刺之，不得，便大怒，举以掷地。鸡子于地圆转未止，仍下地以屐齿蹍之，又不得，瞋甚，复于地取内口中，啮破即吐之。王右军闻而大笑曰："使安期有此性，犹当无一豪可论，况蓝田邪？"

看板 Gossiping　　文学篇 [问卦]

作者	网民 1 号
标题	听说曹植七步就能完成一首诗

据说曹植很强，他哥曹丕要他七步内作一首诗，他就作出来了，真的假的？好奇七步内作出的诗到底什么样……

推文留言：

真的，曹丕说作不出来就要处死他。肾上腺素飙升，应该有可能！

他写的诗："煮豆持作羹，漉菽以为汁。萁在釜下燃，豆在釜中泣。本自同根生，相煎何太急？"

⟶ 大概就是叫他哥不要兄弟之间自相残杀啦！

怕楼主不懂诗的内容，附图支援。

曹植
你明明就跟我同父同母，为什么要煎我？
曹丕

《世说新语》原文：文帝尝令东阿王七步中作诗，不成者行大法。应声便为诗曰："煮豆持作羹，漉菽以为汁。萁在釜下燃，豆在釜中泣。本自同根生，相煎何太急？"帝深有惭色。

看板 Gossiping　　任诞篇 [问卦]

作者	资深网民
标题	关于名士刘伶喝酒的八卦

听说刘伶很爱喝酒，有没有关于他喝酒后好笑的八卦？

推文留言：

有哇，他每次在家喝完酒都不穿衣服，朋友看到，跟他讲这样不大好，他还狡辩说，天地是他的房子，房子是他的衣服，然后问朋友为什么要跑到他衣服里。

看看我嘛！为什么不看我？

一楼笑死，推荐！

《世说新语》原文：刘伶恒纵酒放达，或脱衣裸形在屋中。人见讥之。伶曰："我以天地为栋宇，屋室为裈衣，诸君何为入我裈中！"

作者	废柴网民
标题	有没有躺着就能交到女友的八卦?

小弟不才，到现在还是单身，想问大家有没有不努力就可以交到女友的八卦?

推文留言:

问王羲之就对了。

同意一楼。听说郗太尉派人去王家帮他女儿选老公，看到王羲之躺在床上，还露出肚子，就选他了。神扯!

就你啦!

哈哈哈，好奇郗太尉选女婿的标准。

他就喜欢那种不做作、很自然的吧?!

《世说新语》原文：郗太傅在京口，遣门生与王丞相书，求女婿。丞相语郗信：“君往东厢，任意选之。”门生归白郗曰：“王家诸郎亦皆可嘉，闻来觅婿，咸自矜持，唯有一郎在东床上坦腹卧，如不闻。”郗公云：“正此好!”访之，乃是逸少，因嫁女与焉。

八卦版

讲了那么多八卦，
还不够吗？
可是没有你自己
的八卦呀！

亲戚居然是皇帝？

刘义庆的伯父正是刘宋的开国皇帝刘裕。

莫名地迷信

曾升到类似副宰相的官位，却以“太白星犯右执法”的迷信理由辞去该职。

乖，想要什么？
伯父买给你。

唉，我本月运势只有一颗星，只好请假一个月了。（在现代应该是这种人）
本月运势

佛教狂人

刘义庆晚年热衷佛教，《宋书》记载他“晚节奉养沙门，颇致费损”，在佛教领域花了很多钱。

都买！
买
买
买!!
先生，买光明灯吗？
加购莲花灯吗？
活佛小雕像正在特价出售呢！

关汉卿

“我写的不只是故事，还是剧本！”

我就是颗铜豌豆！

个人小档案

姓名 关汉卿，号已斋叟。

朝代 元朝。

称号 曲家圣人。

一分钟自我介绍

成名作
上天为我做证！

《窦娥冤》

医

医生世家

Action!

编剧天才

啾♥

女人缘超好

关
马
郑
白

“元曲四大家”之一

关汉卿和他的作品《窦娥冤》

据说关汉卿出身于医生世家，却有着编剧魂。他写的作品大多属杂剧，这种文体在元代很流行，类似现代的音乐剧剧本。

哼！什么医学系，
我要填戏剧系啦！
志愿表
剧名
杂剧

杂剧剧本元素

迪士尼公主演到一
半都会突然唱歌
宾：对话
打完球吃饭去！
走哇！
白：独白
呜，我是边缘人
天公伯呀！

曲词
给主角独唱的歌词。

宾白
一般对话的台词。

科
动作、表演或特效指示。

他的剧本里常有官场黑暗、人民抗争的桥段，反映那个时代的日常。

你有罪！
大人，冤枉啊！

话不多说，赶快来
看他的成名作吧！
3，2，1，
Action!（开始）

演员表

正旦 / 女主	冲末 / 男二	卜儿 / 老妇	净 / 反派
窦娥	窦天章（窦爸）	蔡婆	赛卢医

副净 / 反派	李老 / 老翁	孤 / 官员
张驴儿	张父	太守桃杌

❶ 爸爸欠了一屁股债，窦娥被卖到蔡婆家当童养媳，婚后不到两年，老公就去世了。

老公不能丢下我呀！
以后我们相依为命吧！

❷ 有一天，蔡婆向赛卢医讨债，差点被勒死，幸好张驴儿与其父搭救。

住手！

❸ 没想到原本以为是白马王子的张驴儿，却是个渣男。

我救了你婆婆，所以
你要嫁给我。
No!
想得美！

❹ 被拒绝的张驴儿动起邪恶之念。

娶
抢
得到老婆
喂喂喂！
警察吗？

❺ 张驴儿想毒死蔡婆借机逼婚，没想到却毒到自己老爸。

没胃口，你喝吧！
有毒！！

❻ 结果张驴儿坏到极点，买通太守，诬告窦娥。

再不招，我打你婆婆！
我招！你别动她！
驴

❼ 超委屈的窦娥，在行刑前对天发下三个誓，结果都神奇地应验了！

上天请为我做证！如果我是清白的，我死后……
白布
1 血不沾地
2 六月下雪
3 大旱三年
真的应验了！
她是清白的！

❽ 三年后，曾经欠债的窦爸翻身当上了官，替窦娥讨回公道。

这些害死我女儿的人，看我怎么处置你们！
窦爸
赛卢医
太守
张驴儿
渣男！

书评

☆☆☆☆☆ 4.9 / 5（4 则评论）　　查看全部▼

刘大杰 ★★★★★ (5.0)

“关汉卿根本就是东方的莎士比亚！”

> 刘大杰《中国文学发展史》第二十三章，将关汉卿在中国戏曲史上的地位，媲美于剧作家莎士比亚在英国戏曲史上的地位。

钟嗣成 ★★★★★ (5.0)

“杂剧界的第一把交椅，就是关先生的了！”

> 钟嗣成《录鬼簿》列关汉卿于杂剧创作者之首。

朱权 ★★★★☆ (4.5)

“内容只是还好而已，不过关汉卿对杂剧的确很有贡献，还是给好评啦！”

> 朱权《太和正音谱》如此评价关汉卿：“观其词语，乃可上可下之才，盖所以取者，初为杂剧之始，故卓以前列。”

王国维 ★★★★★ (5.0)

“《窦娥冤》完全不输世界前几大知名的悲剧，可以出国比赛了！”

> 王国维《宋元戏曲史》评价《窦娥冤》一剧“即列之于世界大悲剧中，亦无愧色也”。

朱权你给我出来，什么叫“还好”？！
编剧很“爆肝”的，你知道吗？
冷静，我帮你补上星星啦！

八卦版

风流才子

当时的戏曲往往由青楼的歌伎来传唱，而歌伎也要跟戏曲作家搞好关系才有红的机会，因此关汉卿跟这些青楼女子混得很好。

胖古人不负责任翻译教室：
“一句话解释关汉卿《不伏老》”
要我不去酒店？等我死了才有可能。
警察叔叔，就是这个人！
VVIP
（得意）

《析津志》就说他“生而倜傥，博学能文，滑稽多智，蕴藉风流，为一时之冠”。
而关汉卿在《不伏老》中也戏称自己是“铜豌豆（酒店老狎客）”。当然这句元曲的重点在于前面的修饰语——“蒸不烂、煮不熟、捶不匾、炒不爆、响当当”，是说他不屈不挠啦！

古人小剧场

1
关大哥，听说你女人缘超好？
2
当然，我可是颗响当当的铜豌豆！
3
什么是铜豌豆？能吃吗？
4
用你们现代话来说，铜豌豆就是老司机，但这不是重点……
5
呵呵，那……能不能带我上车呢？
那个……我觉得你会出车祸。
老婆

吴承恩

“如果在 21 世纪，光收授权费就可以住豪宅了！”

看我七十二变！

个人小档案

姓名	**吴承恩，字汝忠。**
朝代	**明代。**
称号	**射阳山人、射阳居士。**

一分钟自我介绍

成名作

《西游记》

西游记

公认《西游记》作者

吴承恩
诗文集

小说之外还会写诗

生前很穷

孑然一身

没有子女

吴承恩和他的《西游记》

学界一直对《西游记》的作者为谁存有争议，但普遍认为是吴承恩。虽然他生前有很多作品，但最出名的只有《西游记》。

其实我也很会写诗
但没什么人在乎

故事大纲是这样的，有一位梦想去西天取经的和尚，由三个因做错事被观音惩罚的徒弟，护送他安全取经。

消大过方式
成功!
西天
老师安排爱校服务给你们，非常简单！送到这里，就能消大过咯！

任务看似很简单，但故事嘛，总有特殊的设定，就是和尚的肉很好吃，而且吃了会长生不老。简单来说，和尚就是怪物吸引器！

到底哪里简单!
香滑
可口

哇，恭喜你们成功了！
说很简单，结果却有八十一难是怎么回事！

故事角色一览

唐三藏
善良
110
顽固
80
EQ
80
0
洞悉
战斗
0
虔诚
100

孙悟空
叛逆
80
言语
50
EQ
20
100
洞悉
战斗
100
忠诚
80

- 能力与装备：无，只有一颗虔诚的心。
- 传说中的鲜肉。
- 口头禅是“悟空救我”，但看到悟空打死妖怪，又会骂他很坏。
- 常听信猪八戒的话，做出错误的决定。
- 骑的白龙马也算收服的徒弟之一，但存在感太低，就不特别介绍了。

- 能力与装备：七十二变、火眼金睛（辨别敌友）、金箍棒、筋斗云。
- 原本是花果山的猴王，因大闹天宫被压在五指山下。
- 打怪王，少了他，取经团队大概会瞬间灭亡。
- EQ 不高，但对老板还蛮忠诚的。
- 每次都被八戒拖累。

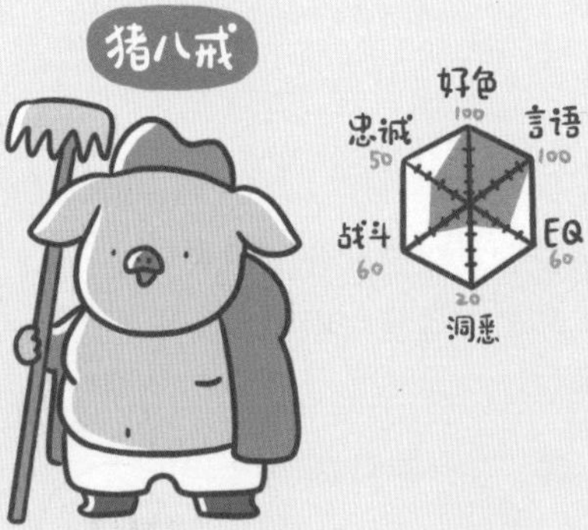
猪八戒
好色
100
言语
100
EQ
60
20
洞悉
战斗
60
忠诚
50

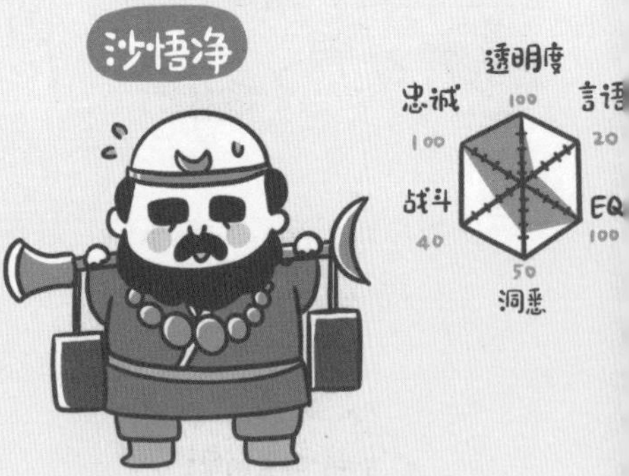
沙悟净
透明度
100
言语
20
EQ
100
50
洞悉
战斗
40
忠诚
100

- 能力与装备：三十六变、九齿钉耙。
- 原本是天界的天蓬元帅，因为骚扰嫦娥被贬到凡间。
- 名副其实的猪队友，几乎扮演帮倒忙的角色。
- 只有在第一次跟悟空对打时表现得很强，后期完全又懒又敷衍。
- 很会说话，博得唐僧的喜爱，在现代职场应该很吃得开。

- 能力与装备：忠厚、降妖宝杖。
- 原本是天界的卷帘大将，因不小心打破玉皇大帝的东西被贬到凡间。
- 任劳任怨的工具人，话很少，存在感低。
- 武器名字很酷炫，结果只拿来当扁担的杆。
- 佛系队员，所有吵架都不干他的事。

精彩桥段：孙悟空三打白骨精

白骨精想吃唐僧肉，变成一名少妇却被孙悟空看穿。
他一棒打下去，结果白骨精留下一具假尸逃走了。

嗨！我是来还愿的，带了
一些食物，请你们吃。
谢谢。
正妹！吃的！
臭妖怪！骗不了我的！
可恶

原本猜测会被师父称赞的悟空，没想到……

你怎么乱杀人！
她是妖怪哎！
她那么正，怎么
可能是妖怪！
八戒说得对！你别找借口
了！看我的紧箍咒……
嘿
哇啊
啊啊

后来白骨精又连续两次变成不同的人，都被孙悟空识破，
结果滥好人唐僧还是坚信悟空打死的是无辜好人。

笨老板加猪队友，
我怎么这么歹命……
打死人还找借口！
我没你这种徒弟！
对呀！杀人就是不对！
（透明化）

书评

☆☆☆☆☆ 4.5 / 5 (4 则评论)　　查看全部▼

多数研究学者 ★★★★★ (5.0)

唐三藏常常轻信猪八戒而责怪孙悟空，你们不觉得跟昏庸皇帝常听小人的话，处罚忠臣的情况很像吗？所以《西游记》根本就是部讽刺明朝政治环境的小说吧！

冯梦龙 ★★★★★ (5.0)

这本书真的写得太好了，它跟《水浒传》《三国演义》《金瓶梅》是我的必读书单中的 top4！

> 冯梦龙将《水浒传》与《三国演义》《西游记》《金瓶梅》定为“四大奇书”。

艾登堡 ★★★★★ (5.0)

没读过《西游记》的人，根本不配谈小说理论啦！

> 法国当代比较文学权威艾登堡称：“没读过《西游记》，正像没读过托尔斯泰或陀思妥耶夫斯基一样，这种人侈谈小说理论，可谓大胆。”

胡适 ★★★ (3.0)

《西游记》好看，但第八十一难写得太敷衍了，我决定自己出同人版。

> 胡适将其对《西游记》的改编内容刊登在《学文月刊》上，前面有一段引言：“十年前我曾对鲁迅先生说起《西游记》的第八十一难（九十九回）未免太寒伧了，应该大大的改作，才衬得住一部大书。……现在收在这里，请爱读《西游记》的人批评指教。”

得到那么多称赞，但是都是在我死后。
好可怜……
（一生都穷）

八卦版

关于《西游记》的一些吐槽

好像很爱炫耀自己数学很好的作者

不好好写数字，硬要写个乘法算式……

九九八十一难、
七七四十九天
八十一就是八十一，四十九就是四十九，给我好好讲！
9×9乘法
厉害吧

学学人家一拳超人好吗？不要拖时间。
没办法，凑页数需要嘛。

动不动就大战三百回合的孙悟空

每次在呛声时，都讲得好像自己有多厉害，结果每次都要和妖怪打个三百回合，还不一定赢。

开打前讲到敌人快睡着的自我介绍

《西游记》里有个固定桥段，每次开打前孙悟空都会跟敌人“自报家门”，但光这段自我介绍，就占掉两页篇幅。

哎，起床，开打了！
哈？噢噢，自我介绍完啦？
（惊醒）

蒲松龄

“睡不着？要不来听我说鬼故事……”

其实人比鬼还恐怖噢!
聊斋志异

个人小档案

姓名	蒲松龄，字留仙，一字剑臣。
朝代	清代。
称号	柳泉居士、聊斋先生。
座右铭	有志者，事竟成，破釜沉舟，百二秦关终属楚。苦心人，天不负，卧薪尝胆，三千越甲可吞吴。(《题镇纸铜尺》)

一分钟自我介绍

成名作
《聊斋志异》

爱听鬼故事

落榜
考运极差

觉得人比鬼可怕

手稿
重视著作权

蒲松龄和他的《聊斋志异》

蒲松龄开始创作这本书，主要是出于兴趣。

（如果放到现代来看，蒲松龄应该是这样的一个人）

视频网站上订阅一堆都市传说、鬼片解析频道
论坛灵异版常客
收藏一堆恐怖小说

据说他常在家附近一眼挨着柳树的泉边设茶水站招待路人，搜集故事，终于完成《聊斋志异》。所以他又被称为“柳泉居士”。

我有泉水，你有鬼故事吗？
嗯，从前……

《聊斋志异》中约有五百篇故事，主题大致有……
爱情故事
（浪漫人鬼恋）
科举弊端
（考试压力）
官场黑暗
（职场小人）
世人愚昧
（听信谣言的民众）

跟一般鬼故事不一样的是，《聊斋志异》里的鬼不大可怕，甚至比人类更有情有义。

中国人怕鬼，西洋人也怕鬼，恐怖哟！
不要乱学别人的台词！

鲁迅：『《聊斋志异》虽亦如当时同类之书，不外记神仙狐鬼精魅故事，然描写委曲，叙次井然……使花妖狐魅，多具人情，和易可亲，忘为异类，而又偶见鹘突，知复非人。』

现代鬼片里的鬼
《聊斋志异》里的鬼

爱情故事类：聂小倩

男主
宁采臣（阿宁）
正直文艺的书生

女主
聂小倩（小倩）
内外兼美的女鬼

❶ 某天阿宁到寺庙借住，遇到女鬼小倩问他能不能一起睡。

帅哥，你的床还有空位吗？

❷ 但阿宁是个钢铁直男，一口回绝了。

你这样不行，快走开啦！
（凭实力单身）

❸ 小倩看他正直，便告诉他实话……

其实，我是不得已的……
我被妖怪逼迫色诱猎物，
你如果答应就会被他吃掉。
我不想再害人了，你能不能帮我？

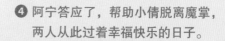

❹ 阿宁答应了，帮助小倩脱离魔掌，两人从此过着幸福快乐的日子。

前半段怎么有点
像仙人跳？
所以说，人还是正
直点比较好！

科举弊端类：叶生

❶ 主角叶生是一个明明很有才，但参加科举总是失利的可怜人。

这次一定要考上！
怎么又没有我……
榜

❷ 虽然自己考不上，但他辅导的学生顺利地考上了举人。

为什么会的都一样，
我就是考不上呢？
老师！我考上了！

❸ 叶生不甘心，便又去考试，结果这次终于考上了！

中啦
考中啦
中啦！
我中啦
啊啊啊

❹ 叶生回家正要炫耀，却发现妻子一看到他被吓跑了！

不要过来！我警告你！

❺ 这时，他看到自己的灵柩，才发现自己已经死了。

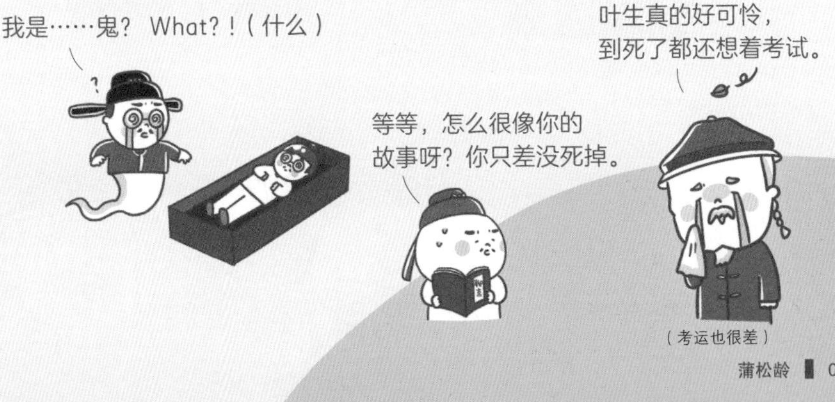
我是……鬼？ What？！（什么）
等等，怎么很像你的
故事呀？你只差没死掉。
叶生真的好可怜，
到死了都还想着考试。
（考运也很差）

官场黑暗类：席方平

主角
席方平（阿席）
勇敢孝子楷模

男二
席方平他爸
（席爸）
被陷害的老爸

反派
羊姓财主
（阿羊）
走后门的高手

❶ 席爸生前与财主阿羊有过节。

面线加香菜
才是王道！
香菜恶心死了！

❷ 阿羊死后为了报复席爸，便买通了阴间狱吏。

如果席爸死了，麻烦直
接把他关起来。谢谢！

❸ 席爸死后，孝顺的阿席灵魂出窍去阴间打官司，没想到……

我要上诉！
上诉无效！
吃香菜有罪！
法官
检察官
（全被收买）

❹ 幸好最后遇到了一位正直的官吏，阿席才救出他老爸。

HAPPY ENDING!（美满结局）

其实这个情节，
在现代也蛮常见的。
NEWS
官场就是这么
黑暗哪。

世人愚昧类：劳山道士

主角
王生
草莓族*富二代

男二
道士
劳山上的邓布利多

* 指年轻无经验，禁不起挫折的人。

❶ 王生很想学法术，便跑到劳山请道士收他为徒。

学法术很辛苦的。
没问题，我最爱吃苦了！

❷ 没想到过了几个月王生就反悔了。

每天做一堆杂务，都没学到法术。我要回家！
不是说能吃苦？好啦！你想学哪招？

❸ 王生便跟道士学了穿墙之术。

不要犹豫，冲进去！
9¾月台
哈……哈利·波特？

❹ 回家后，王生想向妻子炫耀穿墙之术，却撞得差点得脑震荡。

笑死。
臭道士！骗我！

呵呵呵，真的有这么蠢的人吗？
不想花时间成本，又想有好成效，世上这种人超多。

书评

☆☆☆☆☆ 5 / 5（5则评论）

查看全部▼

王士祯 ★★★★★ (5.0)

这是最适合在下毛毛雨时，悠闲地坐在豆棚下听的作品了。感觉作者把厌世都寄托到鬼故事中了！

> 王士祯曾为《聊斋志异》题诗："姑妄言之姑听之，豆棚瓜架雨如丝。料应厌作人间语，爱听秋坟鬼唱诗。"

鲁迅 ★★★★★ (5.0)

这本书把鬼怪描述得太生动啦！有时候都会忘记他们不是人类（笑）。

> 鲁迅评论《聊斋志异》："《聊斋志异》独于详尽之外，示以平常，使花妖狐魅，多具人情，和易可亲，忘为异类，而又偶见鹘突，知复非人。"

纪晓岚 ★★★★★ (5.0)

作者真的太强了，我要是有他文采的万分之一就好了。

> 纪晓岚："留仙之才，余诚莫逮其万一。"

郭沫若 ★★★★★ (5.0)

作者不只写鬼故事厉害，讽刺时事的部分写得也很中肯！

> 郭沫若说过："写鬼写妖高人一等，刺贪刺虐入骨三分。"

冯镇峦 ★★★★★ (5.0)

这本书绝对是当代小说的 No.1（第一名）！除了文笔好以外，还包含劝世和教育意义，赞！

> 冯镇峦于嘉庆二十三年（1818年）评点《聊斋志异》，并称"当代小说家言，定以此书第一"。

好感动。
我也给五星！

考运很差

恭贺蒲爷爷被提拔为贡生
七十一岁

蒲松龄从小就像大多数人一样，相信要有好工作、好人生，考试就要拿一百分。十九岁时，他第一次参加考试，就连拿三个第一名，还成为乡里名人。

但奇怪的是，他之后怎么考都考不中，瞬间变成上榜绝缘体。一直到七十一岁才被补为贡生。大概就像你七十一岁才考上一本大学那样辛酸。所以当亲朋好友来祝贺他时，蒲松龄还觉得有点羞愧。

超级重视著作权

据说蒲松龄的好友王士祯，因为太喜欢《聊斋志异》，于是开价五百两黄金想买下他的手稿。

结果蒲松龄不仅不答应，还为此立下家规：“余生平恶笔，一切遗稿不许阅诸他人。”

著作财产权很重要！
家规
我的遗稿不能给别人看或送人
不卖就不卖，还立个家规……
王士祯

附录

古代经典名著

刘备
关羽
张飞
诸葛亮
曹操
孙权

《三国演义》

罗贯中

类型：战争 / 历史 / 政治 / 热血 / 英雄

简介：以魏、蜀汉、吴三个政治集团之间的斗争为故事背景，塑造一系列英雄人物。

一句话总结

蜀汉才是正统，不服来辩！

宋江
林冲
喵
鲁智深
武松

《水浒传》

施耐庵

类型：侠盗 / 热血 / 英雄 / 政治 / 抗争

简介：描写北宋末年政治黑暗，不少英雄无奈被逼上梁山当盗贼的故事，主线剧情就是围绕这群以宋江为首的侠盗展开。

一句话总结

一切都是政治迫害啦！

原来超人气小说还有这些！

西门庆
潘金莲
李瓶儿
庞春梅

《金瓶梅》

兰陵笑笑生（笔名）

类型：成人 / 世情 / 警世

简介：从《水浒传》支线剧情延伸展开，描写西门庆纵欲而死的故事，来警示世人戒色戒贪。

一句话总结

凡事适度，
即可避免危害身体健康。

贾宝玉
林黛玉
薛宝钗

《红楼梦》

曹雪芹

类型：悲剧 / 爱情 / 人生 / 警世

简介：主线是讲贾宝玉、林黛玉、薛宝钗的爱情与婚姻悲剧，副线则是描述一个大家族由盛转衰的故事。

一句话总结

人生无常，不是每个故事都有
happy ending。

为什么那些朋友写的小说如此厉害，但他们的人生好像不是很顺遂？
?
举手
嗯……我觉得应该这样讲，因为人生很不顺，所以才可以写出好看的小说。
也是。毕竟太平顺的小说没人想看，看来人果然要经历一点大风大浪才会变伟大。
对呀，所以我决定当个安逸的平凡人。当伟人好累。
嗯？
（很想吐槽，但其实自己也是这样想的！）

3

OK 的啦！
我哪种大风大浪没见过？

受伤害仍努力向前的精神领袖

孔子　韩愈　欧阳修　苏轼

孔子

"来我的补习班只要给肉干，不用背学贷！"

肉干
学费箱

个人小档案

姓名 孔丘，字仲尼。

朝代 春秋末。

称呼 孔夫子、至圣先师、万世师表。

一分钟自我介绍

挫折类型

孔子
孔子

面试失败王

又没被录取……

应征失败

爱徒早死

儒

儒家创办人

孔老师私人家教
热烈招生中

补教名师始祖

关于这个人

小时候的孔子，跟许多伟人一样，非常好学。三十岁左右，开了私人家教班，打破只有贵族才能上学的传统。

单亲
低收入户
好学
精通六艺
书翻坏了还在看
不管你有钱没钱，
都可以来上课！
孔老师私人家教
热烈招生中
老师，我没钱。
没关系，给我肉干就可以。

后来学生越收越多，还教出了杰出学生。相传孔子弟子三千，贤人七十二，但也有人认为这只是虚数，不是真实数字。

有没有人要帮
为师吃肉干？
满满的肉干
学费箱
孔门十哲
别骗我！三千人可以
开一所学校了吧！
都说是虚数了！

现在，孔子被尊为至圣先师，各地都能看到他的身影。

No，No，No！
我超衰好吗！
去看下一页！
感觉你的人生
蛮成功的呀？
孔庙
校园
课本

孔子挫折总览

鲁国工作时期

人生巅峰

五十岁时，升为鲁国的最高人民法院院长（司寇），但之后就没再做过更高的官了。

摧毁三都私有地
还我君权！

任职司寇时，策划实施“隳三都”失败。

……

加上鲁国国君中了美人计，每天开派对，不上班，让孔子失望离开。

周游列国时期

唉，感觉要下载招聘软件了。
老师加油！别放弃！
孔

到卫、曹、宋、郑、陈、蔡、叶、楚等国面试，都没受到重用。

老师对不起你们。

多次遇险，其中一次和弟子们被困在陈、蔡野外，长达七天没吃饭，很多弟子因此病倒。

晚年

快七十岁时，虽被迎回鲁国并尊为国老，但还是不受重用，只好专注于教书和整理古籍。

就空有个职位而已，又不重用我。
国老

亲人比自己早死

父：叔梁纥

三岁时，
爸爸去世。

母：颜徵在

十七岁时，
妈妈去世。

子：孔鲤

快七十岁时，
独子去世。

学生比自己早死

天公伯呀！他是我的衣钵传人哪！你怎么可以这样啦！
颜回

孔子六十二岁时，得意门生颜回过世，享年三十二岁，孔子难过地大喊：“噫！天丧予！天丧予！”

哕
哕
哕
哕
意大利肉酱面

孔子七十二岁时，同样是其得意门生的子路，在卫国的蒯（kuǎi）聩（kuì）之乱中殉难，死后被剁成肉酱。孔子闻其死，极为伤心，从此不吃肉酱。

总而言之，跟我亲密的人几乎都死了，我好苦哇！
辛苦了，再喝一杯吧！
MILK
我要巧克力口味的，谢谢。

● ● ●● 心灵鸡汤《论语》 ● ● ●●

经历了这些，孔子变成挫折界大师，把挫折转化为心灵鸡汤传授给弟子们，而这些学生和学生的学生便将其学说结集成《论语》。

（从现代的角度来看，应该是这样的一部书→）

人生好难怎么办？
孔子
精选心灵 汤
孔子学生 & 学生的学生
合力编撰
畅销

胖古人不负责任翻译

1
君子居之，
何陋之有？

居住环境很烂时

就算是铁皮屋，只要有君子住进去，就是别墅！

2
爱之，能勿劳乎？
忠焉，能勿诲乎？

被老师或老板骂时

爱之深，才会责之切啦！

3
君子固穷，
小人穷斯滥矣！
土
土

当你穷到想放弃理想时

摸摸口袋，嗯……没关系，至少初衷还在！

4
不患无位，患所以立。
不患莫己知，
求为可知也。
孔子
未录取

才能没被人看见时

只要你有能力，别人不会是瞎子！

八卦版

长腿欧巴？长腿普男？

孔子身高九尺六寸，以周礼换算，大概是现代的一百八十六厘米，但根据战国制度，却有二百二十一厘米，根本就是鲁国姚明，可以打NBA！

WTF
?
(什么鬼)
1
鲁国队
2

虽然孔子有长腿欧巴的梦幻身高，长相却好像……看看历史记载好了。

(瞪)

长相怎么了？

据《史记》记载，孔子出生时，头顶像屋顶倒过来，四面高，中间低。

像这样？

荀子也曾说过："仲尼之状，面如蒙倛。""蒙倛"是古代驱鬼时用的神像，脸方而丑，发多而乱，容貌凶恶。

蒙倛想象图

所以在古代看到孔子可能是这样的场景

哇，这身高是我的菜！

孔子
(失望)
我？
孔子

老师，你很严格！

朽木不可雕也

宰予白天睡觉，孔子很生气地说：“朽木不可雕也，粪土之墙不可圬也。于予与何诛？”（大意就是：你没救了。）

再睡呀，你就跟烂掉的木头，跟用脏土烂泥筑成的墙一样糟啦！拿你没办法！
?（刚睡醒）

以后他不是我的学生，大家想对他怎样都可以！

鸣鼓而攻之

冉有帮贵族季氏做事，季氏已比周公还富有，然而冉求还在帮他制定税则，为他搜刮更多人民的血汗钱，所以孔子很生气地说：“非吾徒也。小子鸣鼓而攻之，可也。”（意思就是不承认他是自己的学生。）

Good job!（干得好）
冉有
税
季氏

老师，你真挑食！

传说中，孔子有八不食：“食饐而餲，鱼馁而肉败，不食。色恶，不食。臭恶，不食。失饪，不食。不时，不食。割不正，不食。不得其酱，不食。……沽酒市脯，不食。”

不要吃！
不新鲜的食物。
不想吃！
食物变了颜色。
臭豆腐
不能吃！
发臭的食物。
不去吃！
没煮熟。
冷冻草莓
不好吃！
不是当季的食物。
不可吃！
肉切得不方正。
不愿吃！
没有酱。
酒
不该吃！
街上买回来的酒和肉。
你应该也不敢吃意大利肉酱面吧！
不要戳我的痛处！
你这个“恶魔”！

韩愈

“不合理的事，就是要大声说出来！”

丑鳄鱼，我命令你们现在就滚！
??
祭鳄鱼文

个人小档案

姓名	韩愈，字退之。
朝代	唐代。
称号	韩昌黎、韩吏部、韩文公。

一分钟自我介绍

挫折类型
你们根本是选背景！
不是选实力！

考运、工作运都不好

正义魔人

侄子、女儿早逝

出去！

触怒皇帝被贬

Hi

动物沟通师

关于这个人

从现代的角度来看，韩愈就是个正义魔人。

世界上的不公不义，
就交给我来铲除！
不舒服……

只要看到不公平的事就会站出来说话，
自己遇到不公平的事也不会忍气吞声。

如果因为爸爸叫“晋肃”，李贺就不能当进士，那爸爸名字里有个“仁”字，孩子就不能当人了吗？
（感动）
参见李贺篇
李贺

为什么我考了三次，你都不录取我？黑箱吗？！
主考官

但也因为这样，他的人生不是很顺利。

没办法，能力越大，
责任越大嘛！
闹够了没？

韩愈挫折总览

参加科举考试，虽然呼声很高，但接连三次落榜。

韩愈韩愈得第一！

奇怪，大家也都觉得我一定会考上，但为什么一直落榜？都第三次了吔！

写信去投诉考试不公正却没有结果，一直到第四次才考上。

考上进士不代表有工作，还要经过吏部的考试，结果又没考上……

抗议黑箱！

韩愈
韩愈
韩愈
投诉箱

惨……

于是，韩愈改投自荐书给宰相，希望被录用，但投了三次都没有回应。

（从现代的角度来看，就像在招聘平台投简历被已读未回，于是持续投递，并质问人力资源为什么不要他。）

明明简历都被已读，怎么还没回信？再投一次好了！

怎么又是他？好烦……

读取状态
公司通知
已读
无
人资

不得已，只好填第二志愿，到地方军阀那里工作，结果没多久老板死了；换了一个老板，还没开始上班，老板又不幸死了。

拿到现代来看的话……

老板死了，公司倒闭了，明天不用来了。
主管
我试用期还没过……
??
怎么会这样，难道我跟柯南有一样的诅咒?
存在＝有人死

好不容易当上了官，却因反对皇帝迎佛骨一事，被贬到千里之外。

皇帝，您真的太过迷信了!
吵死了！把你贬到潮州当官吧!
宪宗

不只职场不顺，自己亲爱的侄子和女儿也因为生病离他而去。

侄子
小女儿
呜呜……
天公伯呀!
祭十二郎文
祭女挐女文

适合当班长的韩愈

虽然韩愈的人生很不顺，但他正义感十足，愿意挺身而出的个性，让大家都很尊敬他！

苏轼：『文起八代之衰，而道济天下之溺，忠犯人主之怒，而勇夺三军之帅……』

韩愈前辈不只文笔强，而且愿意站出来纠正社会风气，不惜和皇帝对抗，还勇敢出面搞定叛乱，超有骨气！

当时，很多人认为问老师问题，或自称老师，是件很丢脸的事。

你之前有道选择题不会做，凭什么当老师？
老师
明明跟我们同辈，还称自己为“老师”？不觉得丢脸吗？
小老师
哇！他刚刚问老师问题，一定是头脑太笨！
我有问题
好学学生

于是，韩愈便写下《师说》一文，想要矫正这种奇怪的观念。放到现代来看，大概就像班长或学生会会长，会向上请愿呢！

只要别人有比你擅长的事，就有资格当你的老师！像妈妈比你会煮菜，她就是你的老师；堂弟比你会用社交软件，他就是你的老师。就这么简单！老师的存在，就是为解决问题的，不懂一堆人为什么觉得丢脸哎！
碎碎念
唠叨
学生权益请愿 PPT
饮水机开放冰水
外食日
冷气机换新
校长

动物沟通师韩愈？

韩愈在潮州当官时，为了帮民众除去鳄鱼之害，写了演讲稿念给鳄鱼听，内容大概是这样……

你们这群丑鳄鱼听好了，限你们七天内离开这里，如果不走，就别怪我不客气了！

《祭鳄鱼文》：『鳄鱼有知，其听刺史……三日不能，至五日；五日不能，至七日；七日不能，是终不肯徙也，是不有刺史听从其言也。不然……必尽杀乃止。其无悔！』

没想到，鳄鱼还真的走了，韩愈成为当时最有名的动物沟通师（并没有）。

哇，太强了！
呵呵，没什么啦！
不愧是韩大人！

可以跟我家小黑说，不要再乱尿尿了吗？
OK，一次五百。
……别瞎说好吗？

不过后世有人爆料，其实鳄鱼不是真的听懂了人话，而是因为气候变化，迁徙到了南部。

哈，我以为它们是真的被我感化哎，这群笨鳄鱼！
那个人在说什么？
不知道。
好冷，搬家喽！
以为鳄鱼能听懂人话的人，好像比较……

欧阳修

“我真的不是怪叔叔！”

那个……
请听我说
酒

个人小档案

姓名	欧阳修，字永叔，谥号文忠。
朝代	北宋。
称号	醉翁、六一居士。

一分钟自我介绍

挫折类型

娱乐头条
惊爆
欧阳修
老牛啃嫩草，竟与外甥女搞不伦恋情
外甥女

被小人陷害、声誉受损

OUT!
主考官

考试不顺

推行改革失败

真的没有！

被诬陷乱伦

格式
内容

领导古文运动

关于这个人

欧阳修从小就在单亲家庭长大，没钱上学，
但有个伟大的妈妈担任他的家教。

欧母
欧阳修
来，妈妈教你认字。

长大后，他看不惯社会风气就会挺身而出，
而且不管对方的后台有多硬，他都敢得罪。

一起矫正社会吧！
这是当然！
韩愈
欧阳修

领导古文运动二人组

谁管他！
有错就该骂！
好啦，他们
家不好惹。
朋友

因此，他在官场上树立了很多敌人，一直被陷害，被贬。

背后凉凉的

欧阳修挫折总览

两次参加科举考试都落榜，只因考官对他文章押的韵有意见。
后来连续三次得第一名，本以为状元要到手了，但最后一场只拿到第十四名。

没有押正确的韵，写得再好也没用！
怎么这样？
欧阳修
主考官

欧阳修平常太嚣张了，还是不要给他第一名了。
赞成！挫挫他的锐气！

经历考试的挫败，他认为科举制度有问题，
因此支持范仲淹推行的新政，主张科举改革。

考诗赋，只重视平仄押韵，内容太空洞了，应该考论说文才对！
没错！
抗议僵化作文标准，
体制改革绝不能等！

后来范仲淹被诬陷搞“小圈子”，改革运动宣告失败。
没有人敢帮范仲淹讲话，只有欧阳修相挺，但最后一起被贬官。

君子的“小圈子”和小人的不同，小人是为了利益交朋友，君子则是交真朋友，把君子们赶出朝廷，国家会完的，请三思呀！
范大哥别怕，没人罩你，还有我！

《朋党论》：『朋党之说自古有之……大凡君子与君子以同道为朋，小人与小人以同利为朋，此自然之理也。……故为人君者，但当退小人之伪朋，用君子之真朋，则天下治矣。』

不只被贬，政敌继续对欧阳修发动抹黑攻势，诬陷他和外甥女有一腿！

娱乐头条
惊爆欧阳修
老牛啃嫩草，竟与外甥女搞不伦恋情
外甥女↑
什么？

没过多久，欧阳修又被诬陷和儿媳妇乱伦！

你怎么解释跟儿媳妇的关系？
乱伦是真的吗？
我是被抹黑的！请相信我！
你儿子知道吗？

虽然两则绯闻最后都被证明是无中生有，但欧阳修的声誉已大受影响。他被贬到离朝廷越来越远的地方，没多久就去世了。

听说他跟外甥女和儿媳妇……
谁知道呢？说不定……
不是假新闻吗？

●●●● 正义使者韩愈的接班人——古文运动推起来！ ●●●●

唐朝有一段时间很流行六朝骈文，
大家喜欢写一些看起来很美，但没意义的文章。

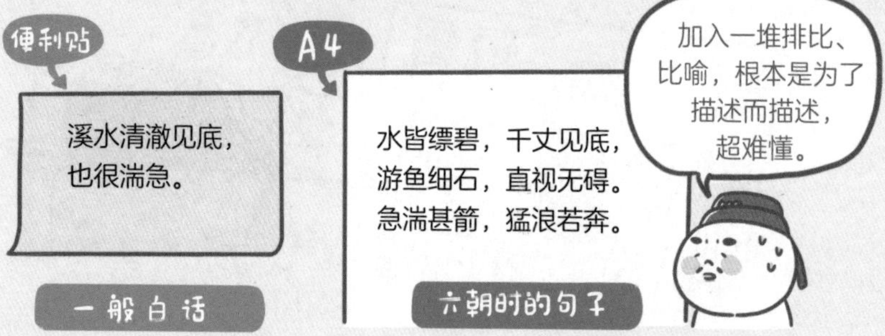

便利贴
溪水清澈见底，也很湍急。
一般白话
A4
水皆缥碧，千丈见底，游鱼细石，直视无碍。急湍甚箭，猛浪若奔。
六朝时的句子
加入一堆排比、比喻，根本是为了描述而描述，超难懂。

当时韩愈看不下去，跳出来要大家学学秦汉时期那些有内容的文章，
成功矫正当时的文章风气。但是到了宋代，骈文又流行起来，
欧阳修决定推动古文运动。

写文章的核心，不就是表达想法吗？写一堆没有想法的废文，有意思吗？

漂亮很重要，但内容更重要！就像你会想挑很帅很美，但无脑的另一半吗？
不想！
内容第一！
赞！
说得太好了！

虽然欧阳修一生颇衰，但他发起的古文运动成功了！
大家的文章变得更平易好读，一直延续到清末。

可喜可贺！可喜可贺！
总算没有小人来捣乱了。
贺 古文运动成功！

八卦版

六一居士是哪“六一”？

欧阳修晚年改号“六一居士”。

为什么要叫“六一”呀？
我是拿家中有的东西来取名的啦！哈哈哈！
请看
只有五个“一”吔，你数学不大好哟！
加上我这“一”位老头，就是“六一”啦！你才数学不好！

欧阳修的家

x10000
酒

藏书	《集古录》	琴	棋	酒
“一”万卷	“一”千卷	“一”张	“一”局	“一”壶

那我是六六居士！
很厉害的666666*！
（* 网络用语）
嗯？哪六个六？
噢！不好笑……
毫不掩饰地鄙视
我终于见识到，你树立敌人的功力！

苏轼

“人生就是起起落落落落落落的。”

香喷喷的，
要不要来一块？
海南岛

个人小档案

姓名 苏轼，字子瞻，一字和仲。

朝代 北宋。

称号 东坡居士、铁冠道人。

一分钟自我介绍

挫折类型

仕途不顺、牢狱之灾

豪放派词人

新党
旧党
苏

在职场被排挤

被贬到天涯海角

三个爱人都早逝

关于这个人

苏轼的专长和兴趣很广泛，若要自我介绍，一天一夜都说不完。

美食
旅游
绘画
诗词赋
书法
阿弥陀佛
佛教

二十一岁参加进士考试，当主考官欧阳修改到他的试卷时，发生了一个小插曲……

就是我
曾巩
就是这篇了！第一名！
等等，写得这么好，感觉是我的学生写的……
给第二好了，免得被说偏心。
不要乱脑补啦！

不过他还是年纪轻轻就当上了进士。
只是进入职场，是他人生悲剧的开始……

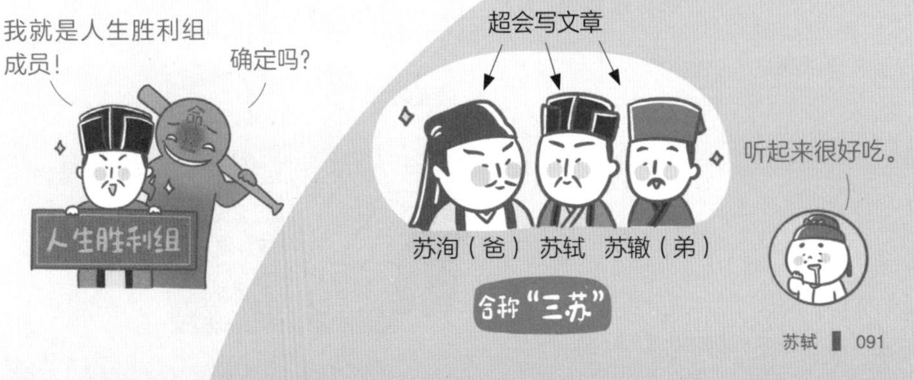
我就是人生胜利组成员！
确定吗？
命
人生胜利组
超会写文章
苏洵（爸） 苏轼 苏辙（弟）
合称"三苏"
听起来很好吃。

苏轼挫折总览

任官时，刚好遇到新旧党争，但苏轼是中间派，
对新法不完全认同，也不想全废，结果遭到两边排挤。

国家要改革才会好！
保守一点才不会倒！
VS
简单来说，就是两个小圈子在吵架。
他反对新法，不要跟他好！
做人好难
他支持新法，不要跟他好！
新党
旧党

也因为他反对王安石变法的一些作为，每当苏轼要被升职或被交办重要任务时，王安石和新党人马都会极力反对或打小报告。

跟我作对？老子一定让你混不下去！
苏轼他实在不适合接受这个任务哇！
宋神宗

后来苏轼受不了了，只好向皇帝请调到别的地方去。

在现代大概像这样……

老板，我想调到×市分公司。
嘿嘿！
外调单
老板

但衰事还没完结，四十三岁时，苏轼因为乌台诗案入狱，
差点被判死刑，还好逃过一劫，改贬到黄州。

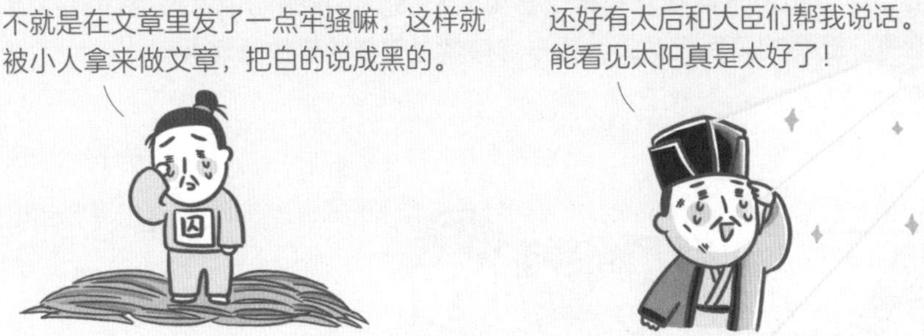

不就是在文章里发了一点牢骚嘛，这样就被小人拿来做文章，把白的说成黑的。
囚
还好有太后和大臣们帮我说话。能看见太阳真是太好了！

自此之后，苏轼的仕途就急转直下，被一贬再贬，
最远被贬到了海南岛。

京城
黄州
惠州
儋州（属海南）
人生嘛……就是起起落落落落落落落落落落

不过，经历了这些事，他悟出很多人生道理，诗跟词都写得更好，
厉害到历代老师都要求学生背诵的程度。

说！为什么要写那么好，害学生背那么多！
我也想让后代轻松点，但实力不允许哇！

苏轼的作品风格

“词”有点像歌词，基本上要配合乐曲，而当时流行的歌词是婉约浪漫派的风格，只有苏轼很前卫，坚持走豪放派路线。加上他觉得词的内容比乐曲重要，所以把词写得跟诗一样，甚至无法唱。但没想到他这派路线竟然流行起来，还影响了后代词人，像辛弃疾就是有名的豪放派词人。

这叫前卫，你不懂啦！
XX情歌
男子汉
当时的流行专辑
苏轼出品专辑
不能唱，那干什么用专辑的形式？

相传苏轼任翰林学士时，曾问幕下士：『我词何如柳七（柳永）？』幕下士答曰：『柳郎中词只合十七八岁女郎，执红牙板，歌「杨柳岸，晓风残月」。学士词须关西大汉，铜琵琶、铁绰板，唱「大江东去」。』

苏轼的诗、词、赋相当豪放洒脱，喜欢用夸张、比喻这点也跟李白很像，不同的是，他的作品还带有宋诗特色，喜欢在诗里讲人生大道理。

里面有满满的李白元素呢！
水调歌头（节录）
明月几时有？
把酒问青天。
不知天上宫阙，
今夕是何年。
干什么学我？
我哪有，我有些诗比你的更富于人生哲理，好吗？
李白

诗词举例

词

念奴娇·赤壁怀古

大江东去，浪淘尽，千古风流人物。
故垒西边，人道是，三国周郎赤壁。
乱石穿空，惊涛拍岸，卷起千堆雪。
江山如画，一时多少豪杰。
遥想公瑾当年，小乔初嫁了，雄姿英发。
羽扇纶巾，谈笑间，樯橹灰飞烟灭。
故国神游，多情应笑我，早生华发。
人生如梦，一尊还酹江月。

先生，这样会污染水质。

有时觉得自己超衰，但回头再看，就会觉得没什么大不了的了！

词

定风波

莫听穿林打叶声，
何妨吟啸且徐行。
竹杖芒鞋轻胜马，谁怕？
一蓑烟雨任平生。
料峭春风吹酒醒，微冷，
山头斜照却相迎。
回首向来萧瑟处，归去，
也无风雨也无晴。

你知道为什么我们看不到这座山的全貌吗？因为我们在山中。
啊，爬山好累。
废话吗？
不准无视我！

诗

题西林壁

横看成岭侧成峰，
远近高低各不同。
不识庐山真面目，
只缘身在此山中。

苏轼 vs 佛印

苏轼是佛教徒，跟和尚佛印是好朋友。但苏轼很幼稚，喜欢跟人家暗中较劲，看谁比较厉害。有一天，两人面对面坐禅，他突然心血来潮想跟佛印闹。

1
哼，平常比赛都是你赢，今天我就让你下不了台！
2
哎哎，你觉得我打坐的样子像什么？
3
像佛祖呢！
（开心）
4
嗯……像牛粪！哈哈哈，这次你输了吧！
（超幼稚）
那我呢？
5
你输了还炫耀？人家心中有佛，才会说你像佛，反观你……
唉，我哥哥好幼稚。

八卦版

把苏轼放到现代来看……

名字大揭秘：

苏轼的“轼”，本意是车前的扶手。而他弟弟苏辙的“辙”，则是指车轮碾过的痕迹。看来帮忙取名的爸爸苏洵，应该是个车控。

美食达人：

苏轼是个美食家，而且很爱吃猪肉，传说东坡肉就是苏轼发明的。

嗯，大的叫方向盘，
小的叫胎痕好了。
现代苏洵

东坡
好吃！
你养的这只小猪
叫什么名字？
哇！真文艺的名字。

先后爱过三个女人，是个深情好男人。

我好想你！
老婆……

谢谢你的陪伴，但我对不起你，
一直都没给你什么回报……
早知道就送你
几个名牌包包了。

你呀，一肚子不合时宜！
你真懂我！
王朝云
Why?
（为什么）
老天爷！

王弗：大老婆，是苏轼的初恋，但她很早就过世了。苏轼写下《江城子》怀念亡妻，可以看出他对大老婆用情很深。

王闰之：王弗死后继任的二老婆，是王弗的堂妹。她默默陪苏轼度过乌台诗案时期，但也不幸比苏轼早死，苏轼难过地写下《祭亡妻文》，感谢她的陪伴。

王朝云：原本是舞伎，可能出于怜惜，不忍让她继续待在风月场所，苏轼把她留在身边纳为小妾。虽然两人年纪相差很多，但从苏轼写来悼念她的挽联可以知道，她非常懂苏轼。对，没错，她也比苏轼早死。

附录

古文八大家——唐宋知名男团

反对魏晋华丽空洞的骈文，推崇秦汉质朴但有内容的古文，

是一个重视文章内在美的男子团体。

唐朝古文运动领袖
北宋古文运动领袖
韩愈
柳宗元
欧阳修
苏洵
曾巩
苏辙
苏轼
王安石

如果诸子百家变成现代学生

春秋战国时代，有很多不同阶级地位的代表人物，分别对治国发表自己的主张，并且各自形成一个流派，比较有名的派别有儒家（孔子、孟子），道家（老子、庄子），墨家（墨子），法家（韩非），名家（公孙龙），阴阳家（驺衍），等等。派别众多，因此合称“诸子百家”。

儒家

尊敬师长、有礼貌的认真型学霸。考试前一定把书读烂，乐于帮助没钱上补习班的同学，给他们做课后辅导。

道家

佛系学霸，感觉没怎么读书，但都能考得很好。思维超脱世俗，有时让人怀疑他到底是不是地球人。

墨家

班上的工具人，抱持兼爱精神，除了把笔记印出来分享给所有人，还常常自愿帮大家跑腿买饮料。

法家

班上的纪律委员，因为凡事都站在老师那边，而被同学讨厌。

名家

上课爱提问，逻辑好到有时老师都被问倒。班上只要有演讲比赛或辩论比赛都派他出场。

占卜
¥50

阴阳家

天文社社长兼星座达人，有点迷信。

天哪！这些人真的没有最衰，只有更衰！如果是我，绝对撑不下去。
我就是草莓族
对呀，成为伟人需要具备超强的心理素质，这样才能在险恶的大人世界里生存。
唉，突然好羡慕小朋友，可以又傻又天真地过日子。
玩玩！
饭饭！
又傻又天真的只有你吧？呵呵，我有很多朋友，小时候就比大人聪明喽！
嗯，如果是以你这种“大人”为标准，那感觉蛮容易的！
??
← 衣服穿反
← 袜子穿错

4

我没有很厉害，只是头脑发育得比较快！

可以参加小学生知识竞答的朋友

韩信
方仲永
司马光
王冕

韩信

“哪道数学题不会？我来教你！”

长大后

个人小档案

姓名 韩信。

朝代 汉初。

称呼 兵仙、汉初三杰之一（张良、韩信和萧何）。

一分钟自我介绍

神童类别
这道题很简单!
数学

数学神童

计算机

心算很强

没关系

EQ 很高

说到做到

汉初名将

关于这个人

韩信在楚汉相争时，助刘邦得天下，是一位名将。

我不能没有你
刘邦

据说韩信小时候就非常聪明，某天他看到两个卖油的商人在争吵，
便问发生了什么事……

我们想平分这桶 10 斤的油，但我们只有 3 斤跟 7 斤的罐子。
你讨打吗?!
直接你三我七啦，不够的话从你肚子里拿就好。
10斤
3斤
7斤

韩信听了之后……（沉思）

不要吵了！我有办法！
嗯……

韩信的数学课堂

题 目

市场内，甲、乙两人为了平分一桶合资买来的油在争执，但现场只有装满 10 斤油的 A 桶、可装 7 斤油的 B 空桶，以及可装 3 斤油的 C 空桶，聪明的你能让他们心满意足地回家吗？

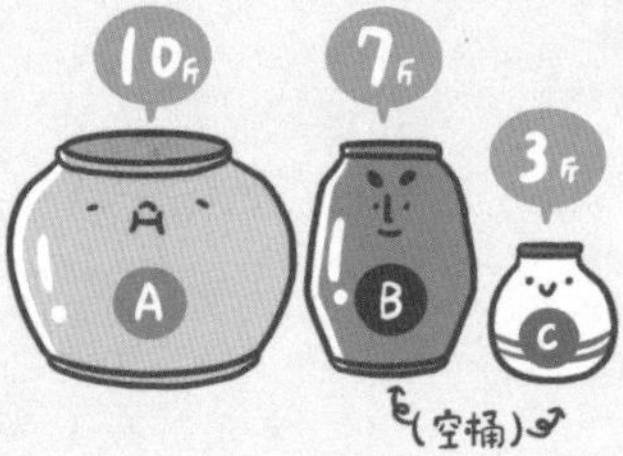

10斤
7斤
3斤
A
B
C
(空桶)

嗯，终极目标是甲、乙各分到一半（5 斤）。已知 C 桶可装 3 斤，3 + 2 = 5，所以得先凑出“2”这个数字。

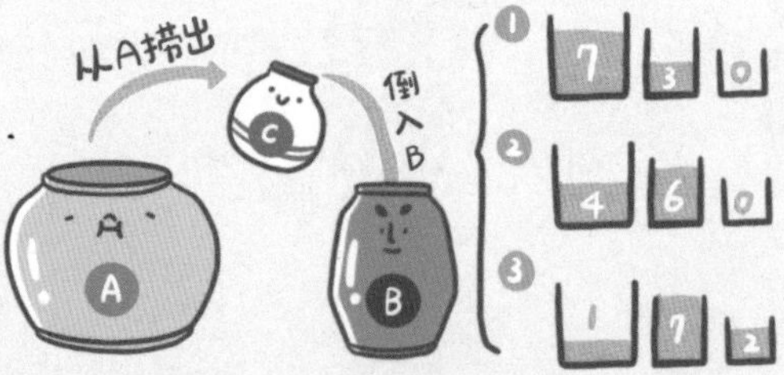

从A捞出
倒入B
A
B
C
1
7 3 0
2
4 6 0
3
1 7 2

先把 C 桶连续装满三次油并倒入 B 桶，C 桶里会剩下 2 斤。

由上述分配，得到“2”这个数字。接着想办法把 2 斤的油独立出来，再用 C 桶另外装 3 斤油，合在一起就是 5 斤了！

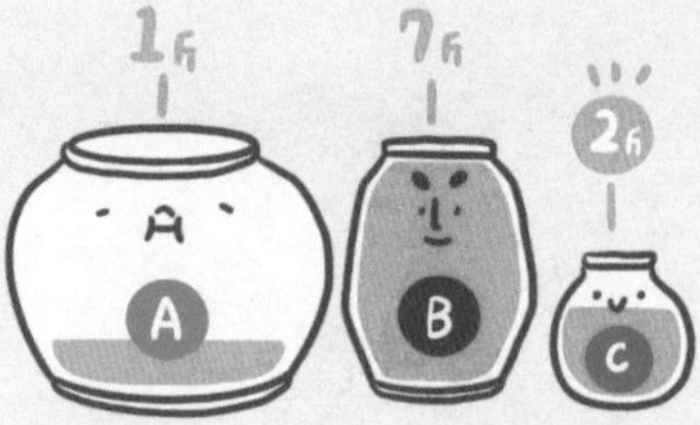

1斤
7斤
2斤
A
B
C

既然过会儿会用到 C 桶，那我们得先腾出一个空间放 C 桶里的 2 斤油，所以把 B 桶清空（倒回 A 桶），再将 C 桶里的 2 斤油倒入 B 桶。

倒入7斤
B
A
倒入2斤
C
A
B

然后取 C 桶，从 A 桶里捞出 3 斤油，装进放有 2 斤油的 B 桶里。

捞出3斤
C
全部
倒入
A
B
Do Re Mi Sol

这样就成功分出各 5 斤的油了，大家懂了吗？

10 7 3
3×1=3
3×2=6] 3
7] 1
3×3=9] 2
10] 1
3×3−7=2
2+3=5#
数学
Z Z
Z Z Z

韩信报恩，尽心尽力

韩信年轻时日子穷苦，常常有一餐没一餐，
有一次他在河边遇见一位洗衣服的老婆婆，接下来的几天都靠老婆婆照顾。

年轻人，这饭给你吃。
咕噜噜
谢谢您，我以后成名了，一定会报答您的！
啊姆
啊姆

没想到，老太太听完却生气地骂他，让韩信感到羞愧，决定振作起来。

你呀，长这么大，这么没用，我看你可怜，才给你饭的啦！
人生好难，亏我之前还觉得被包养，不是啦，是被照顾，还不错……

当上大将军后，他还特意找到这位老婆婆，并送给她一千两黄金。

谢谢您当时把我骂醒。
这倒不用了，谢谢！
哎哟，乖啦，乖啦，你喜欢的话，我还可以多骂几句！

八卦版

曾经从别人的胯下爬过去？

韩信成名之前，曾经在街上遇到一个无赖……

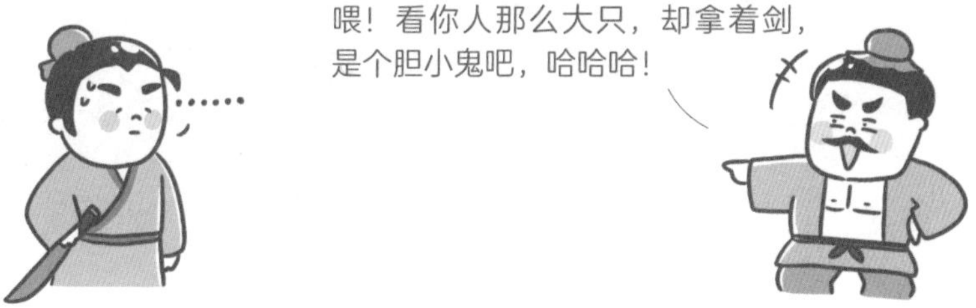
喂！看你人那么大只，却拿着剑，是个胆小鬼吧，哈哈哈！
……

无赖看韩信不说话，于是变本加厉地羞辱他。

怎样？不爽吗？你如果敢拿那把剑砍我，就不是胆小鬼，但你要是做不到，就要从我的胯下爬过去！
忍住！我可是要做大事的人，如果现在乱杀人，名声就毁了。

后来韩信成名后，召来这名无赖，不但没处罚他，还赏给他一个官位！

韩大人找你！
死定了
死定了
死定了
咦？
??
(拍)
谢谢你当时对我的羞辱，那成为我前进的动力！

方仲永

“如果天赋是金钱，
那我就是中彩票后破产的那位？”

写诗是我的本能
你信不信？

个人小档案

姓名	方仲永。
朝代	北宋。

一分钟自我介绍

神童类别
A++

写作神童

五岁能作诗

¥ ¥

有个爱钱的老爸

SCHOOL

没上过学

长大变凡人

关于这个人

仲仲的事问我就对了！
我还见过他本人。
名字不能好好讲吗？
好啦！麦克风给你。
王安石

北宋政治家、文学家王安石曾写过一篇议论文《伤仲永》，记述自己听闻的方仲永的神童事迹，此文收录于《王文公文集》。

据说方仲永生于农家，五岁时突然哭着要纸和笔。

孩子他娘，我俩都不识字，
他是从哪儿学到这些词的？
不会是发烧了吧？
给我纸！给我笔！

没学过竟然叫得出来，
会通灵吗？

纸笔一来，他竟然能立刻写出诗，而且写得极好，便成为乡民口中的神童，甚至很多人拿钱来要买他的诗作。

他真的是我的孩子吗？
（不识字但觉得厉害）

没想到，仲永的爸爸把他当成摇钱树，
每天带他巡回表演，不让他去上学。

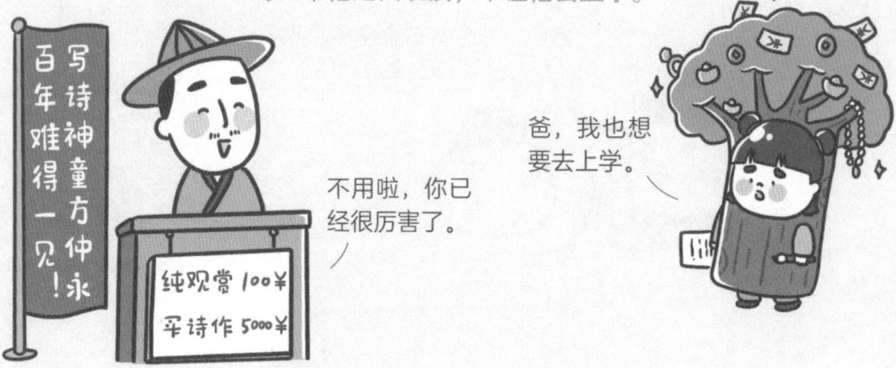
写诗神童方仲永
百年难得一见！
纯观赏 100¥
买诗作 5000¥
不用啦，你已经很厉害了。
爸，我也想要去上学。

后来，王安石回到家乡再见到他，
那时方仲永大概十二岁，诗已经不像以前写得那么好。
又过了七八年，据说他已经跟一般人没两样。

很普通嘛！
以前写得比较好。
真的是神童吗？
仲永还写诗吗？
他呀，早就没这个能力了，现在跟着我当农夫呢！

这个故事告诉我们，很多神童可能都是暂时被鬼附身。
李白
写诗？我帮你！
是在讲教育的重要性！OK？教育！

八卦版

可能没有方仲永这个人？

方仲永故事的真实性一直以来都饱受争议。一来是方仲永生于不识字的农家，“突然会写诗”这点很离奇。二来是关于他的记载，除了王安石的《伤仲永》，其他地方基本查不到。所以有人认为方仲永是王安石为了举例告诉世人后天努力的重要性而虚拟的人物。

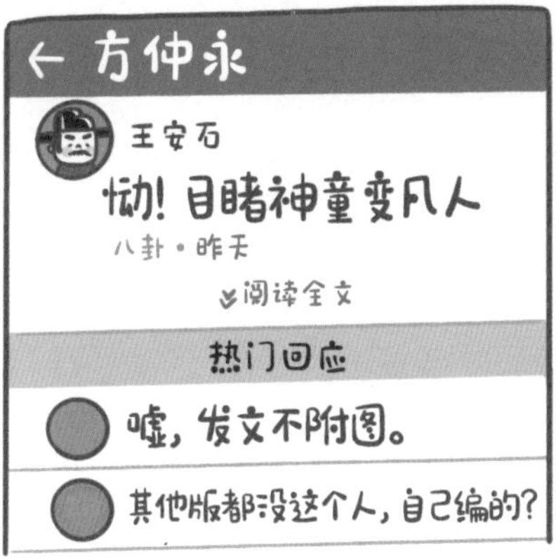
← 方仲永
王安石
惊！目睹神童变凡人
八卦 • 昨天
阅读全文
热门回应
嘘，发文不附图。
其他版都没这个人，自己编的？

小时了了，大未必佳的神童还有……

❶ 南朝有一位六岁就会写诗的神童，大家都叫他江郎。

?
五岁能作诗
六岁能作诗
方仲永
江淹

❷ 传说，有一天他梦到帅哥郭璞跟他说……

嘿，兄弟，我的笔在你那儿，现在可以还给我了。
给！

❸ 在梦中还了笔后，他就再也写不出好文章了，世称“江郎才尽”。

写不出来……

司马光

“嘿嘿，只有我打破东西不会被骂！”

瞄准水缸，
OK！
石头
长大后

个人小档案

姓名	**司马光，字君实，号迂叟。**
朝代	**北宋。**
称号	**司马迂叟、涑水先生、司马温公。**

一分钟自我介绍

神童类别

危机处理神童

破瓮救朋友

春秋

七岁懂《春秋》

编《资治通鉴》

跟王安石理念不合

关于这个人

司马光从小就很聪明，七岁时听别人讲《左氏春秋》，就能听懂大意。

《左传》卷一……
×&% ￥#@
嗯嗯！
原来如此!
zzz
司马光
一般小孩
（炯炯有神）
啊姆
啊姆
砰!

沉迷于阅读，到了废寝忘食的地步！

司马光！你是掉进马桶里了吗？
砰
砰
左传
上厕所时
zzz
睡觉时
给我专心吃饭！
左传
吃饭时

《宋史·司马光传》：『光生七岁，凛然如成人，闻讲《左氏春秋》，爱之，退为家人讲，即了其大指。自是手不释书，至不知饥渴寒暑。』

据说，有一次他跟朋友们一起玩躲猫猫……

倒数十秒，十、九、八……
爬到太湖石上，
他一定找不到我。

结果其中一位朋友想躲到假山上面，却不小心掉进水瓮里！

滑
哇呜呜！
(吓呆)
妈妈！
救我
咕噜……

只有司马光反应超快，捡起地上的石头，向着水瓮用力一砸！

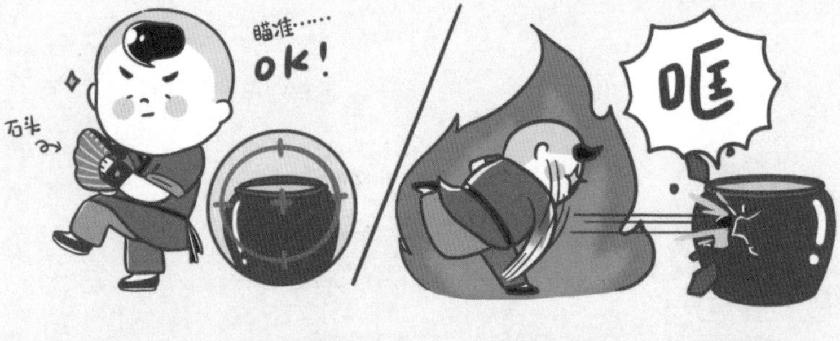
瞄准……
OK！
石头
哐

奇迹出现了，朋友毫发无伤地被救出。为了感谢神队友司马光，这位朋友长大后特别建了一座感恩亭，甚至把这件事写在祖谱上。

刚刚好可怕！
太好了！
司马光好帅！

我要让大家记得我的这位救命恩人！
上官尚光

长大后的司马光都在做些什么？

八卦版

坚决反对变法，和王安石吵架！

宋神宗时，王安石施行新法，当时朝廷分为新旧两党，王安石、司马光分别是新党与旧党的代表。司马光认为国家法律又不是整个都坏了，修补一下就好了，反对全换成新法，因此与王安石在皇帝面前大吵一架。

祖先的法律不能随便推翻！
闭嘴啦！老固执！
霸道王！
不懂变通的老家伙！
两……两位别吵了
新党代表：王安石
宋神宗
旧党代表：司马光

闭关十三年，完成《资治通鉴》。

宋神宗支持王安石的新法，司马光看反对不成，气得请求远程工作，搬到洛阳开始闭关写书。十三年后编撰完三百多万字的编年体史书《资治通鉴》。可能是毕生精力都耗在这本书上，成书两年后他就离世了。

终……终于完成了！
你没事吧？（抖）
吐血
资治通鉴

王冕

“你可以叫我小毕加索！”

来跟我一起画画！
长大后

个人小档案

姓名	**王冕，字元章。**
朝代	**元代。**
称号	**煮石山农、会稽外史、梅花屋主。**

一分钟自我介绍

神童类别

美术型 + 学霸型

喜欢读书

农村小孩

画梅达人

品学兼优

关于这个人

吴敬梓所著的《儒林外史》，开篇第一个人物即以王冕为原型。

选我，选我！
我知道！
吴敬梓
千万小学堂
好，你说……

王冕出生在诸暨的一个小农村……

七岁半时，王冕没了爸爸，变成单亲家庭的孩子，那时没有贫困户补助，所以妈妈辛苦打工，勉强凑齐学费。

父

做针线活中

后来物价上涨，妈妈撑不下去了，只好叫王冕休学去工作。他为了不让妈妈担心，乖乖地答应。

对不起，妈妈缴不起学费了，你先到隔壁帮秦老先生放牛，好不好？

好哇，没关系，放牛应该比读书好玩，哈哈。
（其实很想上学）

他每天工作，把零用钱存下来买书，
过着半工半读的日子，直到某个下雨天……

嗯？下雨了？

他突然注意到湖里的荷花，兴致一来，开始自学画画。

哪有学不会的事？
我来画几枝！
早安
又是美好的一天
这是长辈用的图吧？！

结果三个月后就学成了，大家抢购他的荷花作品，
王冕跟妈妈从此过上了衣食无忧的日子！

等一下！只花半学期的时间就成名，当那些美术系的学生是读假的吗？
??

王冕擅长的是……

宋濂《王冕传》：「……善画梅，不减杨补之，求者肩背相望……」

所以王冕是以画荷花成名的吗？
长大的王冕
大概吧……
儒林外史
才不是！我擅长的是画梅花！

在古代，荷花以「出淤泥而不染」的特性成为人品高洁的象征，如周敦颐《爱莲说》便提到「莲，花之君子者也」。《儒林外史》中的王冕，在作者的刻意塑造、渲染下，不少地方与史实有所出入。

可是，感觉荷花比较能代表人格高洁嘛！
这点程度的添油加醋是 OK 的啦！
你是 X 周刊记者吗……

王冕是个梅花控

在家旁种梅花，自号梅花屋主。

擅长画墨梅，会给梅花题诗。

著名画作有《墨梅》，自题：「我家洗砚池头树，朵朵花开淡墨痕……」

因为太爱梅花，故吃肉只挑梅花肉，不挑五花肉？
并没有，
不要瞎掰好吗？
儒林外史

附录

物理和音乐神童

F浮1 = G船 + G象
F浮1 = F浮2
F浮2 = G船 + G石
物理
我的传人！
发现浮力原理
阿基米德

曹冲 / 物理神童　东汉末

据说曹冲五六岁的时候，他的爸爸曹操收到孙权送来的一头大象，曹操想知道这头大象有多重，但没人知道该怎么做，因为没那么大的秤。此时曹冲想到方法：把大象放进船里，在船身上记录水上升的位置，再把石头装进空船，直到水位到达做记号处；然后把石头分批拿去称，石头的总重量就是大象的体重了。可见曹冲从小就懂浮力与等量代换原理，堪称物理神童。

六岁时听琴音就知道哪根弦断了。
记忆力惊人！
我的宝贝女儿最厉害！
蔡邕

蔡文姬 / 音乐神童　东汉末

蔡文姬从小听琴声就知道哪根弦松脱了，是个音乐神童。更厉害的是，她家藏书非常多，她离开家乡十几年后，还可以单凭记忆默写出四百多篇，拥有令人羡慕的超强大脑，在现代绝对是学霸。

等等，小小年纪，智商高成这样合理吗？完全看不出来！
一片混乱
（习惯认知中的小朋友）
来抓我
哇啊
所以说，不能以貌取人。就像我，虽然看起来胖胖的……
嗯？
但瘦下来绝对比明星还帅！
虽然现在就很帅啦！
还以为要说什么厉害的，原来是梦话呀！

5

黑瓶子装酱油，深藏不露，就是在说我啦！

暧暧内含光的神人朋友

晏婴　冯谖　曹操　左思

晏婴

“想在职场混，EQ 比身高更重要！”

想吵架？
来呀！
130~140c

个人小档案

姓名　**晏婴，字平仲。**

朝代　**春秋时代。**

称呼　**晏子。**

一分钟自我介绍

看起来
身高不是重点啦!
一般人

矮小、其貌不扬

——实际上——

WIN!

战斗力极强

LOVE
&
PEACE

EQ 高

对下属好

新好男人

关于这个人

晏婴很矮，但“没有身高”，却有“三高”！

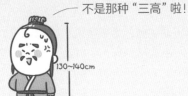

代表叔叔容易得糖尿病吗?
不是那种“三高”啦!
小学生
130~140cm

根据记载，晏婴身高不足六尺（一百三十厘米到一百四十厘米）。

❶ 官位高：官至上大夫（当时最高官职），辅佐君王五十余年。

交给我。
齐景公
董事长
有点像现在的董事长贴身顾问

❷ IQ（智商）高：才智过人，能言善辩，是超级谈判高手。

外表看似小孩
智慧却过于常人的……
名宰相
晏婴!

❸ EQ 高：被人刁难时，不易动怒，巧妙回击。

叔叔好矮，大矮子。
谢谢夸奖，小矮子（笑）。
好啦！你再夸下去，别人会以为我给你广告费了。
那直接举个例子吧。
（害羞）

超会反击的晏婴

ROUND 1

>>> FIGHT ! <<<

晏婴出使楚国，楚王听说他很聪明，就想整他，故意不开大门，并派人羞辱晏婴。

哼，就来看看你有多聪明！

咦？这里是狗国吗？只好入乡随俗，从狗洞进去喽！
?
-50!
VS

楚王只好开门请他进来，但接着使出言语攻击，晏婴使出自嘲式回击！

齐国难道没有人才，怎么派个侏儒出使？
哈
-30!
VS

我们国家有个规定，对什么等级的国家就派什么等级的使者。实在找不到比我更蠢的人适合出使楚国，只好派我来了，抱歉哪。
重击!
VS

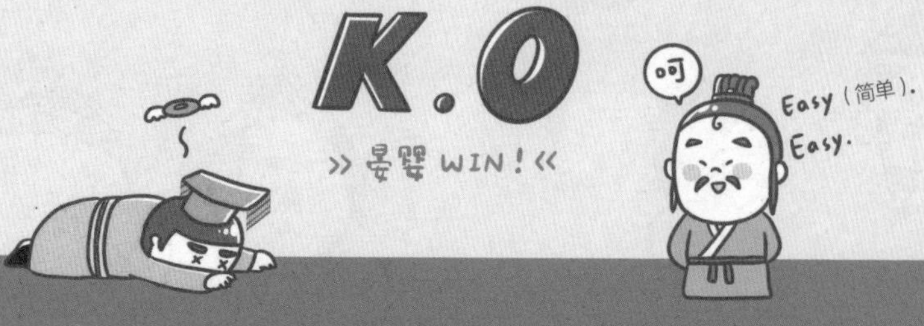
K.O
>> 晏婴 WIN ! <<
呵
Easy（简单）.
Easy.

ROUND 2

>>> FIGHT! <<<

后来楚王安排酒席款待晏婴，继续发起攻势。

报告！抓到一名小偷，是齐国人！
哎呀呀，齐国人怎么爱做这种鸡鸣狗盗之事呢？
-30!
VS

晏子使出了比喻回击！

橘
(甜)
枳
(酸)
我听说橘树长在淮南与淮北，分别会长出橘跟枳两种果实，虽然长得像，但味道差很多，这是生长环境不同的关系呀！
这个人在齐国明明很乖，到了楚国就偷东西，是不是环境的关系呢？

K.O
喀！喀！
莫非……楚国人都比较**会偷东西**吗？呵呵。
重击！
VS

忠言不逆耳的心理学大师

齐景公在任时，很爱用断脚的酷刑，晏婴一直想找机会劝他……

实图太过血腥，所以用玩偶代替。
天哪！这我不敢劝……如果惹他生气了，我的脚会怎么样？

有一天，景公问他一些关于民生的问题。

调查一下，现在市面上什么东西便宜，什么东西贵。
好机会，就是现在！

鞋子最便宜，轮椅最贵。
×100
为什么？

嗯……现在被砍脚的人那么多，鞋子没人穿当然便宜，因为大家都去买轮椅了！
我……好像有点太残忍了……
成功！

晏婴解释之后，景公便免除了这种酷刑。

八卦版

难得的新好男人

有一天，景公到晏婴家，看到晏婴的妻子。

这是我老婆。
也太不挑了吧！
你这么好的男人，
我将女儿嫁给你，
怎么样？

不了。我太太年轻时也很美呀！而且当初跟她在一起时，我们就约定好了，以后变老、变丑都不会抛弃彼此。
天哪……老公♥
年轻时
我们要一直在一起
说好啰

在那个可以一妻多妾的年代，晏婴真是难得一见的好男人！

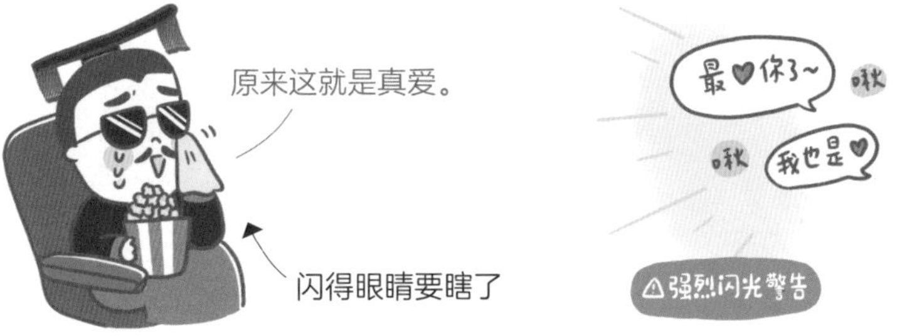
原来这就是真爱。
闪得眼睛要瞎了
最♥你了~
啾
啾
我也是♥
⚠强烈闪光警告

冯谖

“别看我没什么用，时间会证明我是个人才！”

个人小档案

姓名　《史记》作冯欢，《战国策》作冯谖。

朝代　战国时代。

一分钟自我介绍

看起来

我就是废
我要加薪

废得理所当然，贪得无厌

——实际上——

IQ
180

聪明

1 year
2 year
3 year

很有远见

人类
心理学

洞悉人性

年度最佳员工

最佳员工

关于这个人

冯谖成名前穷到吃土，所以想去孟尝君门下当食客。

征 的就是你！
包吃
包住
养士三千的
孟氏集团欢迎你
土
你最好了♥
哎哎，帮我跟孟尝君求包养……啊不是，给我一个工作机会啦。
走开。
说客

（看到孟尝君的招工传单）

冯谖想来应征。
他有什么才能或特技呢？
（还是帮忙说了）
老板
孟尝君
什么都不会。
……
老板
孟尝君

好哦！
明天来
上班
这样你面试个呀！
??

齐人有冯谖者，贫乏不能自存，使人属孟尝君，愿寄食门下。

冯谖上班没多久，就用很奇特的方式要求加薪。

嗯
上了一阵子班，感觉可以要求老板加一点薪？
你根本什么也没做！
忍术：抱怨RAP(说唱)之术
长剑长剑，我们离职吧！员工餐里都没有鱼！
叮
叮

还用相同的方式接二连三地向老板许愿……

大人，冯谖那家伙没做什么事，还想要伙食升级！
噢，OK！
孟尝君
傻眼
长剑长剑，我们离职吧！
没有宝马，没钱养妈妈！
叮
叮

没想到孟尝君居然都答应了，就这样一个职场菜鸟，轻松得到主管般的待遇。

我老板超赞啦！
羡慕
朋友们

居有顷，倚柱弹其剑，歌曰：『长铗归来乎！食无鱼！』左右以告。孟尝君曰：『食之，比门下之客。』

有一天，孟尝君需要人去薛地帮他收债，冯谖自告奋勇。

急征
讨债小弟
应征员工请签名:
冯谖
收到钱后需要顺便买点什么吗?
嗯……看我家缺什么，就买什么吧!

结果冯谖到了薛地，直接把债券烧了!

老大说心情好，你们欠的钱，通通免还啦!
债
万岁!
万岁!
孟尝君最棒!

驱而之薛，使吏召诸民当偿者悉来合券。券遍合，起矫命，以责赐诸民，因烧其券，民称万岁。

冯谖回来后，开心地向孟尝君说他买了“义”……

我看您什么都不缺，就帮您买了个“义”。
我把债券烧了，人民都很开心，嘿嘿!
哈?怎么买?
??
太雷了吧!
孟尝君不说(yuè,同“悦”)，但孟尝君不说(shuō)。
抽动

意外是个人才

一年后，孟尝君因故被齐王开除，卷铺盖到薛地，没想到被人民夹道欢迎。

哇！你之前买的义，
我终于看到了！
你看吧

欢迎♥孟大人
薛地民众

呵呵，不过现在高兴还太早了，聪明的兔子为了保险，至少会挖三个洞。今天薛地只是其中一个洞，剩下两个，再让我帮您吧！
好中二……
哼哼……
人类心理学

孟尝君顾谓冯谖曰：『先生所为文市义者，乃今日见之。』冯谖曰：『狡兔有三窟，仅得免其死耳。今君有一窟，未得高枕而卧也。请为君复凿二窟。』

后来冯谖跑去梁国说服梁王挖走孟尝君，梁王便把宰相位置空出来，并派使者准备黄金和车子准备挖角。

发大财
梁王
好消息，孟尝君刚刚离职，通常哪个老板任用他，就会走好运。

谓梁王曰：『齐放其大臣孟尝君于诸侯，诸侯先迎之者富而兵强！』于是，梁王虚上位，以故相为上将军，遣使者，黄金千斤，车百乘，往聘孟尝君。

齐王听到消息，果然非常惶恐；最后，冯谖又要孟尝君向齐王要求把先王的祭器供在薛地。

怎么办，我都不知道孟尝君那么厉害，我得求他回来！
齐王
人都是失去后，才懂得珍惜。

最后一个洞，把代表齐王威信的法器放在你的宗庙里。
OK！

孟尝君就这样顺利地当了数十年宰相。

简单来说，就是一个看起来很雷的员工，最后却立下大功的故事！
你说谁很雷？！
小心我的长剑

冯谖诫孟尝君曰：『愿请先王之祭器，立宗庙于薛。』庙成，还报孟尝君曰：『三窟已就，君姑高枕为乐矣！』

如果冯谖来现代求职

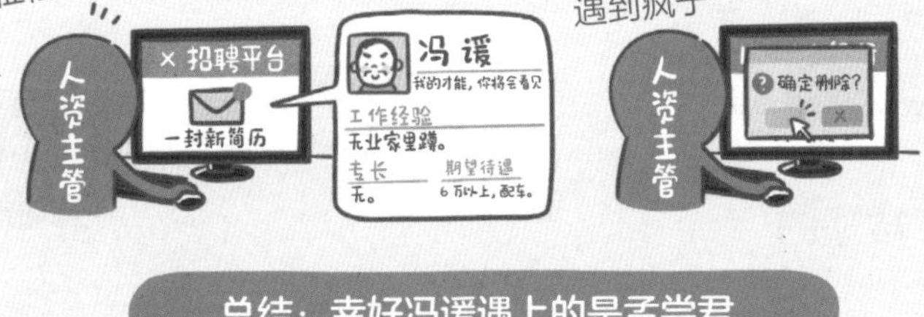

嗯？有应征信？
人资主管
× 招聘平台
一封新简历
冯谖
我的才能，你将会看见
工作经验
无业家里蹲。
专长
无。
期望待遇
6万以上，配车。
遇到疯子
人资主管
确定删除？

总结：幸好冯谖遇上的是孟尝君。

曹操

“哥除了身高，什么都有！”

哥就是霸气！

个人小档案

姓名　**曹操，字孟德。**

朝代　**东汉末。**

称号　**阿瞒、吉利。**

一分钟自我介绍

看起来

矮矮的
（但有不好惹的气场）

——实际上——

东汉

乱世枭雄

权力比皇帝大

能武能文

传说级 boss（老大）

关于这个人

看过三国相关电影、玩过三国手游者，
应该没有不知道曹操的。

院线强档
三国
电影
三国XX
手游
安装
4.6
三国桌游
三国
同人志

他就是那个在东汉末年，奠定跟蜀、吴对立的曹魏政权基础，
本人聪明狡猾、政治手腕超强，堪称出自传说的男人……

魏
蜀
吴

曹吉利！
听起来就
超吉利
不是要你叫我曹操吗！曹操！
可是你的小名很可爱呀！

虽然名义上仅是丞相，却有等同于皇帝的权力。

挟天子以令诸侯
乖乖听话
汉献帝

除了会带兵打仗，搞政治，还是个文学家。

武术
Easy
兵法
谋略
诗词赋
政治

听起来是位强大 boss 级的人物，
实际上他有个小小的烦恼……

可恶！增高鞋垫怎么
都没有特价……

《世说新语》记载，匈奴使者来访，他派帅手下假扮自己去接见，自己则扮成侍卫。

嗯……我不高，长相又一般，气势会不会镇不住对方？

我就是曹操，幸会！
匈奴使者
崔琰

结束后，曹操忍不住派人去问匈奴使者……

你那天见完曹操，觉得他看起来怎么样？
嗯……帅是帅啦，但床头提着刀的那个侍卫才是真英雄！
这……这霸气！

曹操一听，觉得那名使者不简单，立刻派人追杀！

我最讨厌你这种直觉敏锐的使者了。

世说新语（节录）

魏武将见匈奴使，自以形陋，不足雄远国，使崔季珪代，帝自捉刀立床头。既毕，令间谍问曰：『魏王何如？』匈奴使答曰：『魏王雅望非常，然床头捉刀人，此乃英雄也。』魏武闻之，追杀此使。

《三国志》对很多历史人物的外貌都有简短的描述。

身长七尺五寸，垂手下膝，顾自见其耳。
173cm
刘备
英霸之器，身长八尺，容貌甚伟，时人异焉。
185cm
诸葛亮
形貌奇伟。
（奇伟，大概也不矮）
?
孙权

唯一没有记载身高的主要角色，正是曹操，
不过《魏氏春秋》就没那么客气了！

要不要写身高呢？
算了，我不想死
陈寿
反正他已经不在那么久了，诚实地写应该没关系吧！
孙盛

《魏氏春秋》：『（曹操）姿貌短小，而神明英发。』

总而言之，曹操可能很矮，也不大好看，但是个
有着“霸王色霸气”（出自日漫《航海王》）的男人！

霸气

八卦版

超难相处的曹操

曹操除了身高不高，EQ 也不高。听说他有位歌伎，
唱得最好，但脾气不好。

你说谁 EQ 不高！哈？小心我做掉你！
今天心情不好，不想唱了。
嗯？

于是，曹操选了一百名女子，进行歌唱培训，
最后培育出一个跟那位歌伎一样会唱的人。

嗯嗯，3 号唱得真赞，就是她了！
练习生四强淘汰赛
3

确保自己还是能听到好听的歌声后，
曹操就杀了原本那位脾气差的歌伎。

哼，不唱是吧！
好哇，以后都不用唱了！
等等！饶命啊！

《世说新语・忿狷》：『魏武有一妓，声最清高，而情性酷恶。欲杀则爱才，欲置则不堪。于是选百人，一时俱教。少时，果有一人声及之，便杀恶性者。』

左思

“我很丑，可是我很温柔！”

心动
……
XX医美
Before
After
改变，你也可以

个人小档案

姓名	左思，字太冲。
朝代	西晋。
称号	无（可能是丑男？）。

一分钟自我介绍

看起来
那……那个，
我……我……

又丑又结巴的叔叔

——实际上——

努力上进

三都赋

辞赋很强

三都赋
畅销榜Top 1

畅销书作家

爸比

女儿控

关于这个人

根据记载，左思“貌寝口讷”，白话就是长相奇丑，说话会结巴。

妈妈，有怪人！
那……那个……
不……不好……意思……
←只是想问话

偏偏魏晋是看脸的时代，女生都爱看帅哥，甚至会像追星一样疯狂。

小姐们……
这样我会有点困扰……
潘安
潘安最帅
I♡
请接受我的爱！
是男神！
快！围住他！

左思效法潘安驾车出游，结果……

我的眼睛受伤了
你赔吗？
脏东西！
呸!!
咿咿咿咿!!!

虽然外貌被大家歧视，但左思不放弃，决定凭实力单挑！

可恶！你们这些外貌协会的人！我一定要写出神作，让你们知道不能以貌取人！

他花了约十年时间，终于写出《三都赋》。当时的文坛领袖张华看了很惊艳，联合几位文坛大佬给这部书打广告。

三都赋
辞赋很强
Bravo!
（好哇）
三都赋

《三都赋》登上畅销书宝座，文人们抢着传抄，洛阳纸张供不应求，价格大涨。

纸
限量
“洛阳纸贵”就是这样来的。
太励志了，但我好像没这个困扰，我这么帅。
是这样吗？

左思是女儿控？

他很疼他的两个女儿，还为她们写了一首《娇女诗》，里面全都在讲两个女儿。

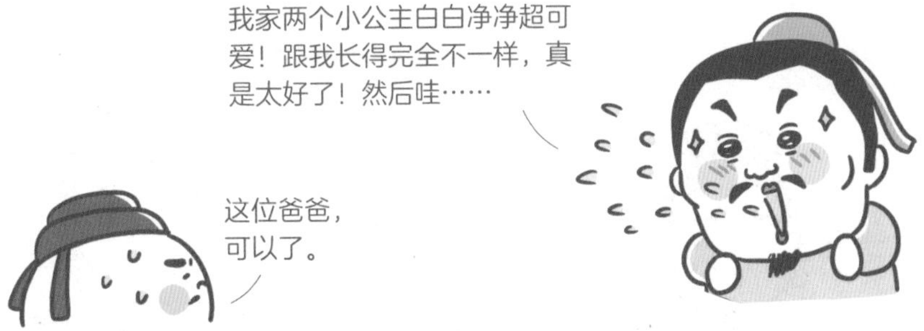
我家两个小公主白白净净超可爱！跟我长得完全不一样，真是太好了！然后哇……
这位爸爸，可以了。

我家妹妹调皮可爱，很会说话，喜欢学大人化妆。
我家姐姐漂亮，比妹妹更会化妆，擅长跳舞和唱歌！
小女儿—纨素
大女儿—惠芳

虽然两个女儿有时候很调皮，想稍微骂她们一下，但是……

好啦，好啦。
不打，不打。乖。
呜呜……爸比对不起……
尽在掌握中

附录

潜力股投资专家

来为我卖命……
不对，来当我兄弟吧！

怎么办？我都不会。
大家快来帮我想办法！
……

刘备 / 三国

白手起家成立蜀汉集团，除了有那么一点王室血统外，没什么能力。不过凭着很会识人、用人这点，成功收编两名猛将——关羽和张飞，还请来了团队最强大脑诸葛亮。最厉害的是，员工们对他都超级忠诚，让蜀汉集团成为三国时期的三巨头之一。

刘邦 / 西汉

称帝前，基本上就是个一无是处的乡间混混儿，唯一的优点是知人善任。不仅看出张良、韩信等人的能力，还知道谁擅长什么，懂得放手，把事情交给专业的人去做，最后靠着这点击败了项羽，在楚汉之争中取得胜利，成为汉朝开国皇帝。

大家都以貌取人，好需要惜才的伯乐！

嗯，是个值得
嫁的好男人！
李靖

太强了！这些人在现代就是投资
高手吧！看你们押哪只股票会涨，
我跟单 all in（全押）啦！

红拂女 / 故事人物

《虬髯客传》中的虚构人物，原本是有钱人的家伎，某天穷书生李靖登门拜访，红拂女马上看出对方是个潜力股，便果断连夜跑去投靠李靖，和对方私奔，而李靖后来果真不负期望，成功当上名将，被封为魏国公。

为什么懂得识才的人叫伯乐？

耐力 100
速度 100
这匹马是千里马！
看起来
弱不禁风
伯乐

伯乐原本是传说中一位管理天马的神仙。春秋时代一位名叫孙阳的人，是相马专家，一眼就能看出哪匹马是千里马，所以大家都叫他“伯乐”。后来“伯乐”就被借用来指懂得识才的人。

突然发现，你交友圈蛮广的嘛！
但你是不是没什么女生朋友哇？
拜托！我可是号称
可爱型美男子，女
人缘超旺的好吗！
而且我认识的女生不但长得正，
还很有才华……
抱歉，更正：我认识的女生
都没我老婆正，但很有才华。
我这就来介绍一下……
呜呜

6

说什么女子无才便是德，只是怕我比他好看，还比他聪明！

才华洋溢的女神级朋友

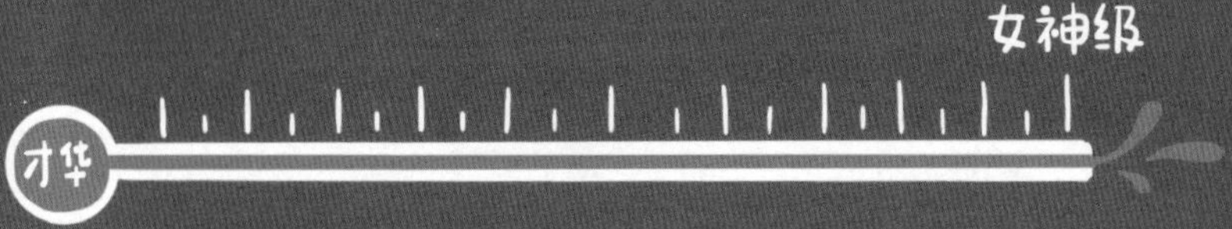
女神级
才华

谢道韫　武则天　李清照　柳如是

谢道韫

“赢男生，简单一句话就可以！”

个人小档案

姓名 谢道韫，字令姜。

朝代 东晋。

称号 王凝之妻谢氏。

一分钟自我介绍

事迹

被婚姻耽误的才女

谢安侄女

诗人

咏絮之才

放马过来

勇敢有义气

关于这个人

谢道韫留下来的故事并不多，但大家几乎都是从这个故事认识她的！

我知道，我知道！这则故事有收录在我的《世说新语》里！
给
刘义庆

有一天，宰相谢安举办了一场家庭聚会，跟子侄们讨论诗文，突然下起了大雪，谢安兴致一来，办了一个随堂考。

这些随风飘的雪花，大家觉得像什么呢？
头皮屑！
没人问你
百万抢答赛

侄子抢先回答。

我知道，像盐巴撒在空中！
哼，太嫩了
什么？
谢朗
盐

俄而雪骤，公欣然曰：『白雪纷纷何所似？』兄子胡儿曰：『撒盐空中差可拟。』

侄女接着答道……

这纷飞的白雪，不如说像柳絮随风飘起。
浪漫
浪漫

哈哈哈，果然还是我们道韫厉害！
给你第一名！
冠军

兄女曰：『未若柳絮因风起。』公大笑乐。

这个女生就是谢安的大哥的女儿，也是将军王凝之的妻子，讲完了。
我有问题，她是谁的女儿、妻子关我什么事？为什么不直接介绍她的名字？

哎……因为古代男尊女卑，女生几乎都是依附于男生，所以习惯称 XXX 之妻或 XXX 之女。
(怒)

因为这个著名的故事，谢道韫与汉代的班昭、蔡琰等人，
成为中国古代才女的代表，而“咏絮之才”也成为用来称赞才女的成语。

砰！
不公平！
救命……
砰！

以后称赞女生，不要只用“正妹”喽！
(怕)

八卦版

废材丈夫与勇猛老婆

谢道韫的丈夫王凝之是书法家王羲之的儿子，
但他没遗传爸爸的优良基因，还曾被谢道韫说是个庸俗的废材。

兄弟
老公
我们谢家的兄弟个个是人才，我完全没想到世界上会有像王凝之这么废的人……

王凝之究竟有多废？在孙恩之乱时，当官的他不攻击也不设防，只会祈神祷告，后来城池被攻陷，他只带了子女们逃跑，被叛军抓到并杀掉！

该设防，出兵了！
我跟神借了数万天兵驻守，不用担心！
天兵天将怎么没来？
杀呀!!
丢下妻子逃跑，渣男！

而另一边的谢道韫，不慌不忙地对抗敌人，虽然还是被抓了，
但孙恩欣赏她的勇气，放了她。

放马过来！！

谢道韫的婚姻状况大概就像……

谢道韫
王凝之

武则天

“打破性别天花板的最狂女皇帝就是我！”

个人小档案

姓名　武曌（zhào）。

（曌，日月当空、普照大地之意。）

朝代　唐（武周）。

称号　武则天、武后、武媚娘、

则天大圣皇帝。

一分钟自我介绍

事迹
周

历史上第一位
正统女皇帝

政治女强人

文
武

善用人才

硬派作风

喜欢小鲜肉

关于这个人

据说武则天小时候是资优生，而且很有胆量。十四岁被选入宫中，跟家人离别时，一滴眼泪都没落下。

IQ180
歌赋
诗词
书法
好了啦，妈！
不要哭得像个小孩了！
入宫不一定
是坏事呀！
呜……宝贝女儿啊……
（霸气）

入宫后，凭着超强的社交手腕、精明干练和长相优势，从小宫女一步步往上爬，在三十二岁时，被立为皇后，达到权力高峰！

发饰 = 权势
（华丽MAX！）
唐高宗

但唐高宗慢慢发现武后不是普通花瓶，而是超有政治头脑的女强人，便允许她参与部分朝政。

这个朕拿不定主意，
亲爱的最聪明了，
交给你决定吧！
OK！

《新唐书》：『百司奏事，时时令后决之。』

后来唐高宗生病了，请武则天代理朝政，但没过多久，
唐高宗开始害怕武后权力过大，于是与宰相合谋想把武后废掉。

让她权力太大太危险，
找个机会把她废掉比较好。
嗯嗯，我同意！
宰相
上官仪

武则天毕竟在心机女集中地（后宫）打过滚儿，
马上就发现了，果断处死了这名宰相！

（上官仪）
不要哇!!!
（威胁）
亲爱的，你一定是被宰相蛊惑，才不小心想废掉我的。是吧？嗯？

之后朝廷几乎所有政令都由武后决定，皇帝只是做做样子。不过武后做事很果断，不像唐高宗那么优柔寡断，还懂得任用人才，政绩相当出色！

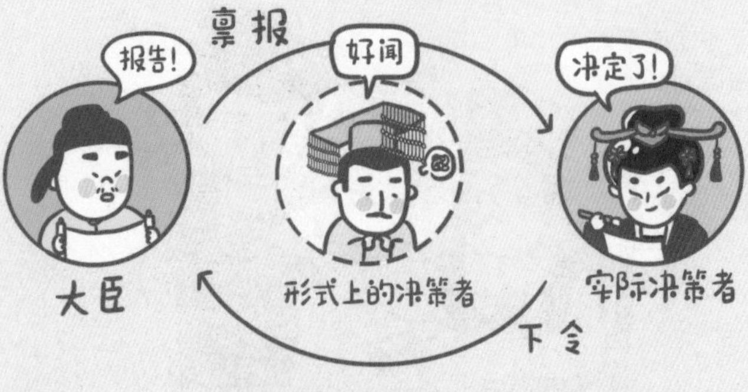
禀报
报告！
好闻
决定了！
大臣
形式上的决策者
实际决策者
下令

但是，不管她做得多好，女人当皇帝这件事，
还是超出了古代父权社会的底线。

我的病越来越重，想让武后继承皇位，
大家觉得怎么样？
女
太荒谬！
女人怎么可
以当皇帝？
要世界末日了！

唐高宗去世后，武则天开始利用酷吏集团屠杀反对她的大臣，
巩固自己在朝廷的权力。

会不会做得太绝？
我容易吗？不除掉
这些人，到时候死
的就是我！
救命！

她开创殿试、自荐制度，善用人才，把国家治理得很好，
后来把国号改为“周”，在六十七岁时成为名副其实的女皇帝。

手段残忍的武则天

任用酷吏

武则天在位期间，为了巩固政权，任用酷吏来杀掉一些反对她或说她坏话的人。而“酷吏”，简单来说，就是黑帮老大雇的杀手，还是最残酷、最变态的那种。这些酷吏平时没事就发明一些残忍的严刑峻法，老大讨厌谁，他们就把谁抓来试用。

不听话？

来人！给他上仙人献果！
听起来很好吃？
？
好吃？呵呵……

爱用酷刑

武则天除了任酷吏发明千奇百怪的酷刑来杀人外，自己也发明过很多酷刑，并冠上很好听的名字，像是：骨醉之刑（人彘的升级版）、凤凰晒翅、旱鸭凫水、仙人献果。至于刑罚内容，那太过残酷，就不多做形容了。

喜欢小鲜肉的武则天

晚年眼光高

据说武则天晚年也跟其他皇帝一样，坐拥后宫“佳丽”。她挑选各地小鲜肉来当她的男宠，挑选条件有五个：年轻、好看、强壮、有能力、不要太主动。历史上记载被武则天宠幸过的较有名的男宠只有四位。

对呀！是不是我眼光太高啦？
才四人？比一般的“后宫佳丽三千”少好多。

喜欢取霸气名字的武则天

乂煞气a金轮圣神卍皇帝乂
上线中
★胖胖
上线中
唐高宗(李治)
离线
酷吏一号
上线中

取名霸气

武则天本名不详，但称帝后，她给自己取了一个很特别的名字——“曌”，更狂的是，这个字还是她自己发明的，是日月当空、普照大地的意思。不只如此，她还给自己取了很多霸气的称号，如则天大圣、圣母神皇、圣神皇帝、金轮圣神皇帝等。就像我们在网络上给自己取各种名字一样，武则天也很喜欢给自己取不同的名字。

李清照

“没了丈夫的人生，就是凄凄惨惨戚戚……”

可恶……想老公了……

个人小档案

姓名	李清照。
朝代	南宋。
称号	易安居士、李三瘦。

一分钟自我介绍

事迹

打破“女子无才便是德”观念的宋朝第一女词人

爱人早死

国破家亡

爱喝爱赌

反家暴代言人

关于这个人

李清照出生在一个高级知识分子家庭，加上优秀的基因，她小时候在诗界就蛮出名的了。

王灼在《碧鸡漫志》里夸她：『自少年便有诗名，才力华赡，逼近前辈。』

父
母
+
=
苏轼的学生 / 高官 / 很会写诗
有钱人家的大小姐

十八岁时，李清照与考古宅男赵明诚结婚。婚后生活超甜蜜，他们常常一起写诗、整理考古金石文献。

著名的考古学书《金石录》，据说就是赵明诚和李清照共同编写成的。

这时李清照写的词还很婉约，虽然会说什么愁哇苦哇之类的，但不过就是发发牢骚，放到现代来看……

李清照
呜呜，老公出远门，
好想他哦。
孤单 # 一个人 # 微厌世
李清照
时间过得好快，
人家不想变老啦！
微忧郁 # 老了
305
哎，不是！
你还不到二十岁吔，那
我怎么办？

好景不长，在她四十多岁时，金兵突然入侵，赵家青州故居被焚。

杀呀！

因为匆忙逃难，她只能带走小部分收藏的文物。家没了，毕生的心血没了，不久最爱的老公还突然病逝，她超级崩溃！

我们大半辈子的心血，
竟然只剩这么一点……
轰！
夫人，您丈夫在赴建康（今南京）受命的路上病逝了！

从此李清照的词风大变，从婉约变成凄苦……

用巧克力来比喻的话……

70%
99%

前期　　后期

前期和后期的作品风格

前期

醉花阴

薄雾浓云愁永昼，
瑞脑消金兽。
佳节又重阳，
玉枕纱厨，
半夜凉初透。
东篱把酒黄昏后，
有暗香盈袖。
莫道不消魂，
帘卷西风，
人比黄花瘦。

唉，老公什么时候才能回来？
害人家重阳节孤孤单单。

家没了，收藏没了，
老公没了，呜呜……

后期

声声慢（节录）

寻寻觅觅，冷冷清清，
凄凄惨惨戚戚。
乍暖还寒时候，最难将息。
三杯两盏淡酒，
怎敌他、晚来风急！
雁过也，正伤心，
却是旧时相识。

婉约派词人其实超豪放？

谁管你什么妇道，
姐喝得开心最重要！
酒

非常爱喝酒

没灵感时喝，难过时喝，无聊时也喝。在她的词集《漱玉词》中，“酒”字出现了十九次，“醉”字出现了十一次。虽然宋朝常对女人道德绑架，说什么喝酒是不守妇道，但对作家来说，酒就等于灵感泉源，所以清照姐才不在乎别人怎么说。

非常爱赌博

身为婉约派词人，她还有一个跟“婉约”一词差很多的兴趣，就是赌博。她也曾说自己只要一赌起来就没日没夜。而且她不只喜欢赌，还很会赌，除了出版了三篇赌博攻略《打马赋》《打马图经序》《打马图经命辞》外，还被称为“博家之祖”，完全是海派的赌场女神！

现在三缺一啦，快来
跟姐玩一场！

八卦版

●●● 勇敢地站出来，坚决反对家暴！●●●

赵明诚死后，李清照再嫁张汝舟。没想到张汝舟娶李清照只是为了她手上的文物，他看李清照不肯交出来，便对她实施家暴。

吃💩吧！
渣男！
张汝舟

当时有条荒谬的法律，就是妻子告丈夫，不管对错，自己也要被关两年，但李清照仍然勇敢地上告！

肃静
肃静
关就关，我才不怕！

幸好得到朋友帮助，李清照只坐了九天牢便出狱。

再来一杯！
没有妇女维权热线就算了，女告男女的还要被关？宋朝法律真的很不行……

柳如是

“谁说只有白马王子能救公主？”

男装版本

个人小档案

姓名　**柳如是，本名杨爱，后改名柳隐，字如是。**

朝代　**明末清初。**

称号　**河东君、蘼芜君。**

一分钟自我介绍

事迹
感动

才貌双全的帅气白马公主

八大美女之一

多才多艺

扮男装勇敢追爱

明朝

忠义爱国

关于这个人

柳如是，本名杨爱，因为读了辛弃疾的词而改名。
她不仅长得很漂亮，还多才多艺。

辛弃疾《贺新郎》：『我见青山多妩媚，料青山见我应如是。』

我不出道真是太可惜了！

容貌为『秦淮八艳』之首，沈虬在《河东君传》中说她：『知书善诗律，分题步韵，顷刻立就，使事谐对，老宿不如。』

小时候家里穷，被转卖到青楼，在青楼里学了不少才艺。

要成为名妓，
就要什么都会！
唱歌
诗词
哦，三天三夜
的三更半夜
跳舞
乐器

虽然是女生，但喜欢扮男装进出文人社交圈，
并先后与三位文士谈恋爱，但最后都分手了……

宋徵舆
文质
彬彬
张溥
陈子龙
你们这些渣男！
我才不输
你们呢！

老少配又怎样？就是要勇敢追爱

失恋三次的柳如是遇见了钱谦益，两人都为彼此的才华所折服，后来柳如是甚至扮男装去拜访钱谦益。

(小鹿乱撞)
嗨！我是柳儒士，这首诗是我写给您的。

而钱谦益就更夸张了，他直接盖了一栋取“如是我闻”之意的房子来追她。

钱谦益在其居住的半野堂之处另筑一室，依佛经『如是我闻』之意定名为『我闻室』，呼应柳如是之名。

如是，这小小心意，请收下吧！
不是你，走开
谢谢干爹
我闻室

在彼此对对方都有好感的情况下，两人虽然年纪差得很多，但还是不顾他人的反对结婚了！

钱与柳结婚用的船，被扔进许多瓦石，甚至有士大夫批评钱谦益『亵朝廷之名器，伤士大夫之体统』。

无耻！
成何体统！
六十岁
二十四岁

八卦版

比老公还有义气

明亡后，柳如是劝钱谦益一起跳水殉国，但是……

老公，与其投降，我们不如跳水殉国吧！
嗯……好。
(面有难色)
水太凉，不适合跳。
(碰)
Are you kidding me?（你在跟我开玩笑吗？）
YA
今天水真的太凉了。
???
(怒)

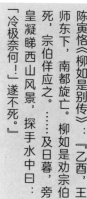

陈寅恪《柳如是别传》：『乙酉，王师东下，南都旋亡。柳如是劝宗伯死，宗伯佯应之。……及日暮，旁皇凝睇西山风景，探手水中曰：「冷极奈何！」遂不死。』

白马公主拯救王子

钱谦益因黄毓祺案被株连入狱，柳如是展开“英雄救美”计划，努力救出老公，完全用行动打破古代“弱女子”的刻板印象。

感动
女生要文静
不能比男生强
哈？
有人讲话吗？
女子无才便是德
女追男会拉低身价

附录

古代四大美女

如果没那么美，或许就
能谈场正常的恋爱了。

我只是想当个“零修图”
美女，错了吗……

西施 / 春秋

传说越国的西施在江边洗衣服，水中的鱼都被她的美貌惊艳到忘记游泳，因此西施有了“沉鱼”的称号。但也因为长得太正，越国战败后，她被选来当作美人计的献品，最后成功地迷惑了吴王，让越王复仇成功。

王昭君 / 西汉

在古代很多宫女为了被皇帝选中会贿赂画工，让他把画像的“美颜滤镜”开到最大。王昭君不想这么做，画工便故意把她画丑，于是她很衰地被嫁给了匈奴王。心情很差的王昭君在离开故乡时弹奏了《琵琶怨》，据说当时的情景让朝南飞的大雁看得都忘了拍翅，于是王昭君有了“落雁”之称。

沉鱼、落雁、闭月、羞花

唉，在古代长得美
就要背负重责大任。

貂蝉 / 东汉

《三国演义》中记载貂蝉是王允的养女，因为长得很美而被王允当作政治手段。王允让貂蝉用美色使董卓与吕布自相残杀。而“闭月”的称号，是源于有一次貂蝉在花园拜月时，云遮住了月亮，王允看到便炫耀：“月亮因为美貌比不过貂蝉，便躲起来了。”

长得太漂亮也有罪？

杨贵妃 / 唐朝

杨贵妃是唐玄宗的宠妃，传说杨贵妃赏花时摸了花一下，花叶便垂下。宫女看到便说是花看到杨贵妃的美貌，自卑得低下头，于是称“羞花”。后来在安史之乱中，士兵们指控杨贵妃，因为长得太漂亮，所以祸国，逼唐玄宗将她处死。

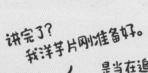

讲完了？
我洋芋片刚准备好。
是当在追剧吗……
下次再介绍其他朋友啦！
真累

著作权合同登记号：图字 18-2022-208

图书在版编目（CIP）数据

胖古人的古人好朋友 / J.ho 著 . -- 长沙：湖南文艺出版社，2023.5
ISBN 978-7-5726-1118-6

Ⅰ. ①胖… Ⅱ. ① J… Ⅲ. ①中国历史－通俗读物 Ⅳ. ① K209

中国国家版本馆 CIP 数据核字（2023）第 063134 号

上架建议：通俗历史

PANG GUREN DE GUREN HAO PENGYOU
胖古人的古人好朋友

著　　者：J.ho
出 版 人：陈新文
责任编辑：刘雪琳
监　　制：邢越超
策划编辑：李彩萍
特约编辑：张春萌
版权支持：王媛媛
营销支持：周　茜
封面设计：利　锐
内文排版：百朗文化
出　　版：湖南文艺出版社
（长沙市雨花区东二环一段 508 号　邮编：410014）
网　　址：www.hnwy.net
印　　刷：天津联城印刷有限公司
经　　销：新华书店
开　　本：875 mm × 1230 mm　1/32
字　　数：110 千字
印　　张：6
版　　次：2023 年 5 月第 1 版
印　　次：2023 年 5 月第 1 次印刷
书　　号：ISBN 978-7-5726-1118-6
定　　价：49.80 元

若有质量问题，请致电质量监督电话：010-59096394
团购电话：010-59320018